8° Z
320
(404)

LES
AUTEURS GRECS

EXPLIQUÉS D'APRÈS UNE MÉTHODE NOUVELLE

PAR DEUX TRADUCTIONS FRANÇAISES

L'UNE LITTÉRALE ET JUXTALINÉAIRE PRÉSENTANT LE MOT A MOT FRANÇAIS
EN REGARD DES MOTS GRECS CORRESPONDANTS
L'AUTRE CORRECTE ET PRÉCÉDÉE DU TEXTE GREC

avec des sommaires et des notes

PAR UNE SOCIÉTÉ DE PROFESSEURS

ET D'HELLÉNISTES

ST GRÉGOIRE DE NYSSE

—

HOMÉLIE CONTRE LES USURIERS

EXPLIQUÉE LITTÉRALEMENT
TRADUITE EN FRANÇAIS ET ANNOTÉE

PAR E. SOMMER

Agrégé des classes supérieures, docteur ès lettres

PARIS
LIBRAIRIE DE L. HACHETTE ET C⁽ᵉ⁾
RUE PIERRE-SARRAZIN, N° 14
(Près de l'École de Médecine)

LES
AUTEURS GRECS

EXPLIQUÉS D'APRÈS UNE MÉTHODE NOUVELLE

PAR DEUX TRADUCTIONS FRANÇAISES

Cet ouvrage a été expliqué littéralement, traduit en français et annoté par M. Sommer, agrégé des classes supérieures, docteur ès lettres.

Imprimerie de Ch. Lahure (ancienne maison Crapelet), rue de Vaugirard, 9, près de l'Odéon.

LES
AUTEURS GRECS

EXPLIQUÉS D'APRÈS UNE MÉTHODE NOUVELLE

PAR DEUX TRADUCTIONS FRANÇAISES

L'UNE LITTÉRALE ET JUXTALINÉAIRE PRÉSENTANT LE MOT A MOT FRANÇAIS
EN REGARD DES MOTS GRECS CORRESPONDANTS
L'AUTRE CORRECTE ET PRÉCÉDÉE DU TEXTE GREC

avec des sommaires et des notes

PAR UNE SOCIÉTÉ DE PROFESSEURS

ET D'HELLÉNISTES

SAINT GRÉGOIRE
HOMÉLIE CONTRE LES USURIERS

PARIS
LIBRAIRIE DE L. HACHETTE ET Cie
RUE PIERRE-SARRAZIN, N° 14
(Près de l'École de Médecine)

1853

AVIS

RELATIF A LA TRADUCTION JUXTALINÉAIRE.

On a réuni par des traits les mots français qui traduisent un seul mot grec.

On a imprimé en *italiques* les mots qu'il était nécessaire d'ajouter pour rendre intelligible la traduction littérale, et qui n'avaient pas leur équivalent dans le grec.

Enfin, les mots placés entre parenthèses doivent être considérés comme une seconde explication, plus intelligible que la version littérale.

NOTICE

SUR SAINT GRÉGOIRE DE NYSSE.

Saint Grégoire, frère de saint Basile le Grand, naquit l'an 332. Comme saint Basile, il entra d'abord dans la vie profane. Il enseignait l'éloquence, et commençait à se faire une réputation assez considérable, lorsque la grâce le toucha. Saint Grégoire était marié, il abandonna sa femme pour embrasser le sacerdoce : mais plus d'une fois l'amour des lettres et de la philosophie profane faillit le faire rentrer dans le monde. Enfin saint Basile fit élire son frère évêque de la ville de Nysse, dans la Cappadoce, et dès lors Grégoire se consacra tout entier à la défense de l'Église. Il fut l'un des auxiliaires les plus ardents de saint Athanase dans sa lutte contre l'hérésie arienne, et fut persécuté par le protecteur de l'arianisme, l'empereur Valens; mais sous Théodose il jouit de la plus grande faveur, et quand l'empereur perdit successivement sa première femme Flaccilla et sa fille Pulchérie, ce fut à saint Grégoire qu'il confia le soin de prononcer dans Constantinople leur oraison funèbre. L'autorité de saint Grégoire au sein des conciles était très-grande, et ce fut lui, assure-t-on, qui rédigea le symbole de Nicée. Il mourut en 394.

Il nous reste de saint Grégoire de Nysse un grand nombre d'homélies sur des sujets de morale, des homélies sur les mystères, des oraisons funèbres, des panégyriques, des commentaires sur l'Écriture sainte et un *Hexaméron* bien inférieur à celui de saint Basile. « L'évêque de Nysse, dit M. Villemain, n'avait pas, comme saint Basile, le don de tout embellir par l'imagination ou le sentiment. Sa méthode est sèche, et ses allégories subtiles. Il n'a pas non plus cette couleur orientale qui charme dans la plupart des orateurs de l'Église grecque..... Du reste, la supériorité de sa raison est souvent remarquable. » Ce jugement est vrai, mais il faut ajouter que, dans des sujets purement de morale, comme dans l'homélie contre l'usure, on ne trouve pas seulement chez saint Grégoire de Nysse une analyse froide et subtile, mais on y trouve aussi des pages entières qui ont véritablement du mouvement et de la chaleur. Aussi se ferait-on une fausse idée du génie de saint Grégoire, si on lisait seulement, pour se former un jugement, les deux discours que nous donnons de lui; ces deux discours sont du petit nombre de ceux qui réunissent, presque d'un bout à l'autre, la clarté, la simplicité et le bon goût littéraire.

ARGUMENT ANALYTIQUE

DE L'HOMÉLIE DE SAINT GRÉGOIRE DE NYSSE

CONTRE LES USURIERS.

L'homélie de saint Grégoire de Nysse contre les usuriers est en quelque sorte le complément de celle de saint Basile sur le même sujet (voy. l'Argument analytique de cette dernière). Saint Basile s'était adressé surtout aux emprunteurs ; saint Grégoire s'élève seulement contre les usuriers, et renvoie les emprunteurs au discours de saint Basile.

Il est impossible de préciser l'année dans laquelle cette homélie fut prononcée. Il est très-probable cependant, d'après un passage de l'exorde, que ce fut après la mort de saint Basile, c'est-à-dire après l'an 379. On venait de lire, dans l'assemblée des fidèles, le vingt-deuxième chapitre d'Ézéchiel, où le Seigneur menace de détruire Jérusalem à cause de ses iniquités : « Ils ont reçu des présents au milieu de vous, afin de répandre le sang ; vous avez reçu un profit et un intérêt illégitime ; vous avez opprimé vos frères pour satisfaire votre avarice, et vous m'avez mis en oubli, dit le Seigneur Dieu. C'est pourquoi j'ai frappé des mains, en me déclarant contre les excès de votre avarice, et contre le sang qui a été répandu au milieu de vous. » Ce sont ces deux versets, le douzième et le treizième, qui servent de point de départ à l'orateur.

On peut rapprocher de l'homélie de saint Grégoire de Nysse le traité de Plutarque Περὶ τοῦ μὴ δεῖν δανείζεσθαι.

I. Pour vivre chrétiennement, il faut se conformer aux préceptes de la loi. Les fidèles viennent d'entendre la parole du prophète ; c'est à eux de faire en sorte de la comprendre.

II. L'orateur s'excuse d'aborder un sujet qui a déjà été traité avec tant de talent et tant d'autorité par saint Basile.

III. Au lieu d'être, comme il le doit, l'ami du pauvre, l'usurier agit avec lui en implacable ennemi; au lieu de soulager la misère de celui qui souffre, il la lui rend plus terrible.

IV. Tableau de la vie oisive de l'usurier : il consomme et ne produit pas; loin d'être utile à ses semblables, il devient leur fléau; c'est son or qui travaille pour lui, et il gémit, s'il voit parfois ses capitaux oisifs. Il ne garde rien à la maison, il se dépouille de tout sur la foi d'un contrat; et ce même homme, qui se repose sur l'obligation écrite d'un malheureux sans ressources, n'a point de confiance en la parole du Dieu dont l'univers entier forme le domaine, et dont les trésors sont inépuisables.

V. Combien l'usurier ne prend-il pas de peines pour arriver à un résultat misérable, si on le compare aux biens promis par Dieu! Combien n'éprouve-t-il pas de tourments et d'angoisses! C'est en vain qu'il veut tirer des fruits d'une terre stérile : la main toute-puissante de Dieu peut seule accomplir ce qui semble impossible, et faire sortir quelque chose de rien.

VI. L'usurier se met en dehors de la loi chrétienne, qui défend l'usure; il ne peut même demander à Dieu la remise de ses fautes, lui qui n'a jamais remis leur dette à ses débiteurs. Qu'importe qu'il fasse l'aumône? cet argent qui soulage un malheureux a coûté des larmes à cent pauvres.

VII. C'est par humanité, c'est par bonté d'âme que je prête, dit l'usurier. Est-ce donc un effet de cette bonté que tant de malheureux se donnent la mort pour échapper aux poursuites, et laissent des enfants sans pain, que tourmentent encore d'impitoyables créanciers?

VIII. De quel œil l'usurier regardera-t-il sa victime au jour de la résurrection? Que répondra-t-il devant le redoutable tribunal? Il connaissait la loi divine, et il l'a volontairement bravée : le châtiment est inévitable.

IX. Ce châtiment s'appesantit quelquefois sur l'usurier dès cette vie. Mort soudaine d'un usurier qui avait si bien caché son or que ses héritiers ne purent le découvrir. Eh bien! dit l'usurier, nous ne prêterons plus, nous laisserons le pauvre dans ses embarras. En refusant d'assister leurs frères, les riches se rendront tout aussi coupables; ce que veut l'orateur, c'est qu'ils donnent, qu'ils prêtent même, pourvu que ce soit sans intérêt.

X. Saint Grégoire s'arrête : il en a dit assez pour les usuriers; quant aux emprunteurs, qu'ils se rappellent les sages conseils que leur adressait saint Basile.

ΓΡΗΓΟΡΙΟΥ ΕΠΙΣΚΟΠΟΥ ΝΥΣΣΗΣ

ΟΜΙΛΙΑ

ΚΑΤᾺ ΤΩΝ ΤΟΚΙΖΟΝΤΩΝ.

I. Τῶν φιλαρέτων ἀνθρώπων, τῶν ζῆν κατὰ λόγον προαιρουμένων, νόμοις ἀγαθοῖς ὁ βίος καὶ προστάγμασι κεχανόνισται· ἐν οἷς καθορᾶται τοῦ νομοθέτου ἡ γνώμη πρὸς δύο γενικῶς ἀποτεινομένη σκοπούς· ἕνα μὲν, τῶν ἀπειρημένων τὴν ἀπαγόρευσιν ἔχοντα· ἕτερον δὲ, τὸν πρὸς τὴν ἐνέργειαν τῶν καλῶν κατεπείγοντα. Οὐ γὰρ ἔστιν ἄλλως εὐπολίτευτον βίον κατορθωθῆναι καὶ σώφρονα, εἰ μή τις, φεύγων ὡς ἔχει δυνάμεως τὴν κακίαν, διώξειεν, ὡς υἱὸς μητέρα, τὴν ἀρετήν. Συναχθέντες τοίνυν καὶ σήμερον ἵνα Θεοῦ προσταγμάτων ἀκούσωμεν, ἠκροώμεθα τοῦ

1. D'excellentes lois, de sages préceptes, règlent la vie des hommes qui aiment la vertu et qui veulent se conformer à la sainte parole ; on y voit la pensée du législateur tendre vers deux grands buts : il détourne des choses défendues ; il anime à la pratique du bien. Il est impossible, en effet, d'arriver à une vie sage et bien réglée, si l'on ne fuit le vice de tout son pouvoir, et si l'on ne recherche la vertu, comme l'enfant sa mère. Rassemblés aujourd'hui en ce lieu pour écouter les com-

SAINT GRÉGOIRE DE NYSSE.

HOMÉLIE

CONTRE LES USURIERS.

I. Ὁ βίος	I. La vie
τῶν ἀνθρώπων φιλαρέτων,	des hommes amis-de-la-vertu,
τῶν προαιρουμένων	de ceux qui font-profession
ζῆν κατὰ λόγον,	de vivre selon la parole *sainte*,
κεκανόνισται ἀγαθοῖς νόμοις	a été réglée par de bonnes lois
καὶ προστάγμασιν·	et *de bons* commandements ;
ἐν οἷς	dans lesquels
ἡ γνώμη τοῦ νομοθέτου	l'intention du législateur
καθορᾶται	est aperçue
ἀποτεινομένη γενικῶς	tendant généralement
πρὸς δύο σκοπούς·	vers deux buts :
ἕνα μὲν, ἔχοντα τὴν ἀπαγόρευσιν	l'un, ayant (renfermant) la défense
τῶν ἀπειρημένων ·	des choses interdites ;
ἕτερον δὲ,	et l'autre,
τὸν κατεπείγοντα	celui qui excite *les hommes*
πρὸς τὴν ἐνέργειαν τῶν καλῶν.	à la pratique des belles choses.
Οὐ γὰρ ἔστιν ἄλλως	Car il n'est pas *possible* autrement
βίον εὐπολίτευτον καὶ σώφρονα	une vie bien-réglée et sage
κατορθωθῆναι,	être menée-à-bien (réussir),
εἰ μή τις,	à moins que quelqu'un,
φεύγων τὴν κακίαν	fuyant le vice
ὡς ἔχει δυνάμεως,	*autant* qu'il a de pouvoir,
διώξειε τὴν ἀρετήν,	ne recherche la vertu,
ὡς υἱὸς μητέρα.	comme un fils *recherche sa* mère.
Συναχθέντες τοίνυν καὶ σήμερον	Étant réunis donc aussi aujourd'hui
ἵνα ἀκούσωμεν	afin que nous écoutions
προσταγμάτων Θεοῦ,	les commandements de Dieu,

προφήτου[1] φονεύοντος τὰ μοχθηρὰ τῶν δανεισμάτων τέκνα, τοὺς τόκους, ἐξαιροῦντος δὲ τοῦ βίου τὴν ἐπ᾿ ἐργασίᾳ χρῆσιν τῶν νομισμάτων· δεξώμεθα δὲ εὐπειθῶς τὸ παράγγελμα, ἵνα μὴ ἡ πέτρα ἐκείνη[2] γενώμεθα, ἐφ᾿ ἣν καταπεσὼν ὁ σπόρος ξηρὸς καὶ ἄγονος ἔμεινεν, μηδὲ λεχθῇ πρὸς ἡμᾶς ἅ ποτε πρὸς τὸν δυσάγωγον Ἰσραήλ· Ἀκοῇ ἀκούσετε, καὶ οὐ μὴ συνῆτε, καὶ βλέποντες βλέψετε, καὶ οὐ μὴ ἴδητε[3].

II. Παραιτοῦμαι δὲ τοὺς ἀκουσομένους μηδαμῶς θρασύτητός μου ἢ ἀνοίας καταψηφίσασθαι, εἰ, ἀνδρὸς λογάδος καὶ ὀνομαστοῦ κατὰ φιλοσοφίαν, πάντων δὲ λόγων ἀσκηθέντος παιδείαν, ἐπὶ τῆς ὑποθέσεως αὐτῆς εὐδοκιμήσαντος, καὶ καταλιπόντος[4] τὸν κατὰ τοκιστῶν λόγον κτῆμα τῷ βίῳ, κἀγὼ πρὸς τὴν αὐτὴν ἅμιλλαν καθῆκα, ὄνων ἢ βοῶν ἅρμα πρὸς τοὺς στεφανίτας

mandements divins, nous avons entendu le prophète immolant les enfants pervers de l'usure, les intérêts, et bannissant de la société humaine le prêt sous condition de salaire : accueillons son précepte avec docilité, afin que nous ne ressemblions pas à ces pierres où la semence tombée se sécha et demeura stérile, afin qu'on ne nous dise pas ce qui fut dit à Israël rebelle : Vous entendrez et ne comprendrez point; vous verrez et ne discernerez point.

II. Je vous conjure, vous qui m'écoutez, de ne point m'accuser d'audace ou de sottise, si, quand un homme éminent et renommé pour sa sagesse, formé à tous les genres de l'éloquence, a traité avec gloire le même sujet et a laissé au monde ce discours contre les usuriers, véritable trésor, je descends à mon tour dans la même arène, et fais paraître un char attelé de mules ou de bœufs à côté de cour-

ἠκροώμεθα τοῦ προφήτου	nous avons entendu le prophète
φονεύοντος	immolant
τὰ τέκνα μοχθηρὰ	les enfants pervers
τῶν δανεισμάτων,	des prêts,
τοὺς τόκους,	les intérêts,
ἐξαιροῦντος δὲ τοῦ βίου	et faisant-disparaître de la vie
τὴν χρῆσιν τῶν νομισμάτων	le prêt des pièces-de-monnaie
ἐπὶ ἐργασίᾳ·	en-vue-d'un travail (produit);
δεξώμεθα δὲ τὸ παράγγελμα	or accueillons le précepte
εὐπειθῶς,	avec-docilité,
ἵνα μὴ γενώμεθα	afin que nous ne devenions pas
ἐκείνη ἡ πέτρα,	cette pierre,
ἐπὶ ἣν ὁ σπόρος καταπεσὼν	sur laquelle la semence étant tombée
ἔμεινε ξηρὸς καὶ ἄγονος,	resta sèche et stérile,
μηδὲ λέχθη πρὸς ἡμᾶς	et que ne soient pas dites à nous
ἅ ποτε	*les choses* qui *furent dites* jadis
πρὸς τὸν Ἰσραὴλ δυσάγωγον·	à Israël désobéissant :
Ἀκούσετε ἀκοῇ,	Vous entendrez avec l'ouïe,
καὶ οὐ μὴ συνῆτε,	et vous ne comprendrez pas,
καὶ βλέποντες βλέψετε,	et regardant vous regarderez,
καὶ οὐ μὴ ἴδητε.	et vous ne verrez pas.
II. Παραιτοῦμαι δὲ	II. Mais je conjure
τοὺς ἀκουσομένους	ceux qui m'entendront
καταψηφίσασθαι μηδαμῶς	de *ne* condamner nullement
θρασύτητος ἢ ἀνοίας μου,	audace ou sottise de moi,
εἰ, ἀνδρὸς λογάδος	si, un homme d'-élite
καὶ ὀνομαστοῦ κατὰ φιλοσοφίαν,	et renommé en sagesse *chrétienne*,
ἀσκηθέντος δὲ	et qui s'est exercé [cours,
παιδείαν πάντων λόγων,	dans l'étude de tous les *sujets de* dis-
εὐδοκιμήσαντος	ayant eu-de-la-réputation
ἐπὶ τῆς αὐτῆς ὑποθέσεως,	sur la même matière,
καὶ καταλιπόντος	et ayant laissé
κτῆμα	*comme* une acquisition *précieuse*
τῷ βίῳ	pour la vie (l'humanité)
τὸν λόγον κατὰ τοχιστῶν,	le discours contre les usuriers,
καὶ ἐγὼ	aussi moi
καθῆκα	je suis descendu *dans l'arène*
πρὸς τὴν αὐτὴν ἅμιλλαν,	pour la même lutte,
ζευξάμενος	ayant attelé
ἅρμα ὄνων ἢ βοῶν	un char d'ânes ou de bœufs

1.

ἵππους ζευξάμενος· παραφαίνεται γὰρ ἀεὶ τὰ μικρὰ τοῖς μεγάλοις· καὶ λαμπομένη σελήνη, ἡλίου φαίνοντος· πλεούσης δὲ μυριοφόρου νηὸς, καὶ τῇ σφοδρότητι τῶν ἀνέμων ἐλαυνομένης, ἐπακολουθεῖ ἡ μικρὰ πορθμὶς τὸν αὐτὸν περαιουμένη βυθόν· ἀνδρῶν δὲ πάλιν ἀγωνιζομένων νόμοις ἀθλητικοῖς, ἐγκονίζονται[5] τῷ αὐτῷ καὶ παῖδες· ὧδε μὲν οὖν ἐχέτω τῆς γνώμης ἡ αἴτησις.

III. Σὺ δὲ, πρὸς ὃν ὁ λόγος, ὅστις ποτ' ἂν ᾖς, μίσησον τρόπον καπηλικὸν, ἄνθρωπος ὤν· ἀγάπησον ἀνθρώπους, καὶ μὴ ἀργύριον· στῆσον μέχρι τούτου τὴν ἁμαρτίαν. Εἰπὲ τοῖς ποτέ σου φιλτάτοις τόκοις τὴν Ἰωάννου τοῦ Βαπτιστοῦ φωνήν[2]· Γεννήματα ἐχιδνῶν, πορεύεσθε ἀπ' ἐμοῦ· ὄλεθροι τῶν ἐχόντων ὑμεῖς καὶ λαμβανόντων ἐστέ· τέρπετε πρὸς ὀλίγον, ἀλλὰ χρόνοις ὕστερον ὁ ἀφ' ὑμῶν ἰὸς πικρὸν γίνεται δηλητήριον τῇ ψυχῇ·

siers ornés de couronnes : toujours de petites choses se montrent près des grandes ; la lune fait voir sa lumière à côté du soleil qui rayonne ; le puissant vaisseau s'avance, poussé par l'impétuosité des vents, et la frêle barque le suit, sillonnant comme lui l'abîme ; les athlètes luttent selon leurs lois, et les enfants se couvrent comme eux de poussière. C'est à ce titre que je réclame votre indulgence.

III. Pour toi, à qui ma voix s'adresse, qui que tu sois, déteste un vil trafic ; tu es homme ; aime tes frères, et non pas l'argent : ne franchis pas cette limite du péché. Dis à ces intérêts qui te furent si chers la parole de Jean Baptiste : Race de vipères, fuyez loin de moi ; vous êtes les fléaux de ceux qui possèdent et de ceux qui reçoivent ; vous donnez un instant de plaisir, mais ensuite votre venin met dans

πρὸς τοὺς ἵππους στεφανίτας·	à côté des chevaux couronnés :
τὰ γὰρ μικρὰ ἀεὶ	car les petites choses toujours
παραφαίνεται τοῖς μεγάλοις·	se montrent-à-côté des grandes :
καὶ σελήνη λαμπομένη,	et la lune *se montre* brillant,
ἡλίου φαίνοντος·	le soleil paraissant ;
νηὸς δὲ μυριοφόρου	et un vaisseau de-dix-mille-ampho- [res (de fort tonnage)
πλεούσης,	naviguant,
καὶ ἐλαυνομένης	et étant poussé
τῇ σφοδρότητι τῶν ἀνέμων,	par l'impétuosité des vents,
ἡ μικρὰ πορθμὶς ἐπακολουθεῖ	la petite barque suit
περαιουμένη τὸν αὐτὸν βυθόν·	étant transportée *sur* le même abîme ;
πάλιν δὲ,	et d'un-autre-côté,
ἀνδρῶν ἀγωνιζομένων	des hommes luttant
νόμοις ἀθλητικοῖς,	selon les lois des-athlètes,
καὶ παῖδες	aussi des enfants
ἐγκονίζονται	se-couvrent-de-poussière
τῷ αὐτῷ·	de la même *manière :* [lance
ἡ μὲν οὖν αἴτησις τῆς γνώμης	que donc la demande de la bienveil-
ἐχέτω ὧδε.	soit ainsi (soit faite à ce titre).
III. Σὺ δὲ,	III. Mais toi,
πρὸς ὃν ὁ λόγος,	à qui *s'adresse* le discours,
ὅστις ἂν ᾖς ποτε,	qui que tu sois enfin,
ὢν ἄνθρωπος,	étant homme,
μίμησον τρόπον καπηλικόν·	hais une manière mercantile ;
ἀγάπησον ἀνθρώπους,	aime les hommes,
καὶ μὴ ἀργύριον·	et non l'argent ; [loin)
στῆσον μέχρι τούτου	arrête jusque-là (ne pousse pas plus
τὴν ἁμαρτίαν.	le péché.
Εἰπὲ τοῖς τόκοις σου	Dis aux intérêts de toi
φιλτάτοις ποτὲ	très-chers jadis
τὴν φωνὴν	la parole
Ἰωάννου τοῦ Βαπτιστοῦ·	de Jean Baptiste :
Γεννήματα ἐχιδνῶν,	Rejetons de vipères,
πορεύεσθε ἀπὸ ἐμοῦ·	allez-vous-en loin de moi ;
ὑμεῖς ἐστε ὄλεθροι τῶν ἐχόντων	vous êtes les fléaux de ceux qui ont
καὶ λαμβανόντων·	et de ceux qui reçoivent ;
τέρπετε	vous réjouissez
πρὸς ὀλίγον,	pour un *temps* petit,
ἀλλὰ χρόνοις ὕστερον	mais dans les temps ensuite
ὁ ἰὸς ἀπὸ ὑμῶν	le venin *qui sort* de vous

ἀποφράττετε ζωῆς ὁδόν· κλείετε τῆς βασιλείας τὰς θύρας·
μικρὸν τέρψαντες τὴν ὄψιν, καὶ τὴν ἀκοὴν περιηχήσαντες,
αἰωνίου λύπης γίνεσθε πρόξενοι. Ταῦτα εἰπὼν ἀπόταξαι πλεονασμῷ καὶ τόκοις [1], σύνταξαι δὲ φιλοπτωχίᾳ, Καὶ τὸν θέλοντα
δανείσασθαι μὴ ἀποστραφῇς [2]· διὰ πενίαν σε ἱκετεύει καὶ ταῖς
θύραις προσκάθηται· ἀπορῶν καταφεύγει πρὸς τὸν σὸν πλοῦτον, ἵνα γένῃ αὐτῷ τῆς χρείας ἐπίκουρος· σὺ δὲ τοὐναντίον
ποιεῖς, ὁ σύμμαχος γίνῃ πολέμιος· οὐ γὰρ αὐτῷ συμπράττεις,
ὅπως ἂν καὶ τῆς ἀνάγκης ἐλευθερωθείη τῆς ἐπικειμένης, καὶ
σοὶ ἀποπληρώσῃ τὸ δάνεισμα, ἀλλὰ σπείρεις τῷ στενουμένῳ
κακὰ, τὸν γυμνὸν ἐπεκδύων, τὸν τετρωμένον ἐπιτραυματίζων,
φροντίδας ἐπισυνάπτων ταῖς φροντίσι, καὶ λύπας τῇ λύπῃ· ὁ
γὰρ ἔντοκον χρυσὸν ὑποδεχόμενος, ἀρραβῶνα πενίας λαμβάνει
ἐν προσχήματι εὐεργεσίας, ὄλεθρον ἐπεισάγων τῇ οἰκίᾳ. Ὥσπερ

l'âme l'amertume et la mort; vous barrez le chemin de la vie; vous fermez les portes du royaume; vous réjouissez un moment l'œil de votre vue, l'oreille de votre bruit, puis vous enfantez l'éternelle douleur. Dis ainsi, et renonce à l'usure et aux intérêts; embrasse les pauvres de ton amour, Et ne te détourne pas de celui qui veut emprunter de toi. C'est la pauvreté qui le fait te supplier et s'asseoir à ta porte; dans son indigence, il cherche un refuge auprès de ton or, pour trouver un auxiliaire contre le besoin; et toi, au contraire, toi l'allié tu deviens l'ennemi; tu ne l'aides pas à s'affranchir de la nécessité qui le presse, pour qu'il puisse te rendre ce que tu lui auras prêté, mais tu répands les maux sur celui qui en est déjà accablé, tu dépouilles celui qui est déjà nu, tu blesses celui qui est déjà blessé, tu ajoutes des soucis à ses soucis, des chagrins à ses chagrins: car celui qui prend de l'or à intérêt reçoit sous forme de bienfait des arrhes de pauvreté, et fait entrer la ruine dans sa maison.

γίνεται δηλητήριον πικρὸν	devient un poison amer
τῇ ψυχῇ·	pour l'âme;
ἀποφράττετε ὁδὸν ζωῆς·	vous interceptez la route de la vie;
κλείετε τὰς θύρας τῆς βασιλείας·	vous fermez les portes du royaume;
τέρψαντες μικρὸν τὴν ὄψιν,	ayant réjoui un peu la vue,
καὶ περιηχήσαντες τὴν ἀκοὴν,	et ayant bourdonné-autour de l'ouïe,
γίνεσθε πρόξενοι	vous devenez les auteurs
λύπης αἰωνίου.	d'un chagrin éternel.
Εἰπὼν ταῦτα	Ayant dit ces *mots*
ἀπόταξαι πλεονασμῷ καὶ τόκοις,	renonce à l'usure et aux intérêts,
σύνταξαι δὲ	et range-toi-avec (associe-toi)
φιλοπτωχίᾳ,	l'amour-des-pauvres,
Καὶ μὴ ἀποστραφῇς	Et ne te détourne pas
τὸν θέλοντα δανείσασθαι·	de celui qui veut emprunter;
ἱκετεύει σε	il supplie toi
καὶ προσκάθηται ταῖς θύραις	et est assis-à tes portes
διὰ πενίαν·	à-cause-de *sa* pauvreté;
ἀπορῶν	étant-sans-ressources
καταφεύγει	il se réfugie
πρὸς τὸν σὸν πλοῦτον,	vers ta richesse,
ἵνα γένῃ αὐτῷ	afin que tu deviennes pour lui
ἐπίκουρος τῆς χρείας·	un auxiliaire du (contre le) besoin;
σὺ δὲ ποιεῖς τὸ ἐναντίον,	mais toi tu fais le contraire,
ὁ σύμμαχος γίνῃ πολέμιος·	*toi* l'allié tu deviens ennemi;
οὐ γὰρ συμπράττεις αὐτῷ,	car tu n'agis-pas-de-concert-avec lui,
ὅπως ἂν καὶ ἐλευθερωθείη	afin que et il soit affranchi
τῆς ἀνάγκης τῆς ἐπικειμένης,	de la nécessité qui pèse-sur *lui*,
καὶ ἀποπληρώσῃ σοι	et il recomplète (rende) à toi
τὸ δάνεισμα,	la somme-empruntée,
ἀλλὰ σπείρεις κακὰ	mais tu sèmes des maux
τῷ στενουμένῳ,	à celui qui est serré (dans la gêne),
ἐπεκδύων τὸν γυμνὸν,	dépouillant-encore celui *qui est* nu,
ἐπιτραυματίζων τὸν τετρωμένον,	blessant-encore celui qui est blessé,
ἐπισυνάπτων φροντίδας	ajoutant des soucis
ταῖς φροντίσι,	à ses soucis,
καὶ λύπας τῇ λύπῃ·	et des chagrins à son chagrin;
ὁ γὰρ ὑποδεχόμενος	car celui qui reçoit
χρυσὸν ἔντοχον	de l'or portant-intérêt
λαμβάνει ἀρράβωνα πενίας	prend des arrhes de pauvreté
ἐν προσχήματι εὐεργεσίας,	sous apparence de bienfait,

γὰρ ὁ πυρεταίνοντι, καιομένῳ παρὰ τῆς θέρμης, δίψῃ δὲ σφο-
δροτάτῃ συνεχομένῳ, καὶ ἠναγκασμένως αἰτοῦντι τὸ πόμα, διδοὺς οἶνον δῆθεν ὑπὸ φιλανθρωπίας, εὐφραίνει μὲν πρὸς ὀλίγον
τὴν κύλικα ἐφελκόμενον, ὀλίγου δὲ χρόνου παρελθόντος, σφο-
δρὸν καὶ δεκαπλασίονα τῷ κάμνοντι τὸν πυρετὸν ἀπεργάζεται,
οὕτως ὁ παρέχων πένητι γέμοντα πενίας χρυσὸν[1], οὐ παύει τὴν
ἀνάγκην, ἀλλ᾽ ἐπιτείνει τὴν συμφοράν.

IV. Μὴ τοίνυν ζήσῃς μισάνθρωπον βίον ἐν φιλανθρωπίας
προσχήματι, μηδὲ γένῃ ἰατρὸς ἀνδροφόνος, τὸ πρόσχημα μὲν
τοῦ σώζειν ἔχων διὰ τὸν πλοῦτον, ὡς ἐκεῖνος διὰ τὴν τέχνην,
τῇ προαιρέσει δὲ κεχρημένος εἰς ἀπώλειαν τοῦ ἑαυτόν σοι κατα-
πιστεύσαντος. Ἀργὸς καὶ πλεονεκτικὸς ὁ βίος ὁ τοῦ τοκίζοντος·
οὐκ οἶδεν πόνον γεωργίας, οὐκ ἐπίνοιαν ἐμπορίας· ἐφ᾽ ἑνὸς δὲ
τόπου κάθηται τρέφων ἐπὶ τῆς ἑστίας θηρία[2]· ἄσπαρτα αὐτῷ
βούλεται τὰ πάντα καὶ ἀνήροτα φύεσθαι[3]· ἄροτρον ἔχει τὸν

Quand le malade, dévoré par la chaleur de la fièvre, en proie à une
soif ardente, ne peut s'empêcher de demander à boire, celui qui par
humanité lui donne du vin le soulage un moment tandis que la coupe
se vide, mais au bout de peu de temps, la fièvre, grâce à lui, redou-
ble de violence; de même celui qui tend à l'indigent un or gros
de pauvreté ne met pas un terme au besoin, mais aggrave le mal-
heur.

IV. Ne vis pas de cette vie inhumaine qui prend les dehors de la
charité, ne ressemble pas à ce médecin homicide, n'affecte pas de
sauver avec ton or, comme lui avec son art, tandis que d'intention
et de cœur tu perds celui qui s'est confié à toi. L'oisiveté et la cupidité,
voilà la vie de l'usurier : il ne connaît ni les travaux de l'agriculture
ni les soins du commerce; il demeure toujours assis à la même place
engraissant son bétail à son foyer ; il veut que tout croisse pour lui
sans semailles et sans labour ; il a pour charrue une plume, pour champ

ἐπεισάγων ὄλεθρον τῇ οἰκίᾳ.	introduisant la ruine dans sa maison.
Ὥσπερ γὰρ ὁ διδοὺς οἶνον	Car comme celui qui donne du vin
δῆθεν ὑπὸ φιλανθρωπίας	sans-doute par humanité
πυρεταίνοντι,	à un *homme* qui a-la-fièvre,
καιομένῳ παρὰ τῆς θερμῆς,	qui est brûlé par la chaleur,
συνεχομένῳ δὲ	et qui est possédé
δίψῃ σφοδροτάτῃ,	par une soif très-violente,
καὶ αἰτοῦντι τὸ πόμα	et qui demande la boisson [pêcher]
ἠναγκασμένως,	nécessairement (sans pouvoir s'en em-
εὐφραίνει μὲν	réjouit à la vérité
πρὸς ὀλίγον	pour un *temps* petit
ἐφελκόμενον τὴν κύλικα,	*le malade* humant la coupe,
ὀλίγου δὲ χρόνου παρελθόντος,	mais un peu de temps étant passé,
ἀπεργάζεται τὸν πυρετὸν	rend la fièvre
σφοδρὸν καὶ δεκαπλασίονα	violente et dix-fois-plus-forte
τῷ κάμνοντι,	à celui qui est-malade,
οὕτως ὁ παρέχων πένητι	ainsi celui qui présente à un pauvre
χρυσὸν γέμοντα πενίας,	un or qui est-gros de pauvreté,
οὐ παύει τὴν ἀνάγκην,	ne fait-pas-cesser la nécessité,
ἀλλὰ ἐπιτείνει τὴν συμφοράν.	mais renforce le malheur.
IV. Μὴ ζήσῃς τοίνυν	IV. Ne vis donc pas
βίον μισάνθρωπον	une vie inhumaine
ἐν προσχήματι φιλανθρωπίας,	sous prétexte d'humanité,
μηδὲ γένῃ ἰατρὸς ἀνδροφόνος,	et ne deviens pas médecin homicide;
ἔχων μὲν τὸ πρόσχημα	ayant à la vérité le prétexte
τοῦ σώζειν διὰ τὸν πλοῦτον	de sauver par ta richesse,
ὡς ἐκεῖνος διὰ τὴν τέχνην,	comme celui-là par son art,
κεχρημένος δὲ τῇ προαιρέσει	mais te servant de ta volonté
εἰς ἀπώλειαν	pour la perte
τοῦ καταπιστεύσαντος	de celui qui a confié
ἑαυτόν σοι.	lui-même à toi.
Ὁ βίος ὁ τοῦ τοκίζοντος	La vie de celui qui fait-usure
ἀργὸς καὶ πλεονεκτικός·	est oisive et cupide;
οὐκ οἶδε πόνον	il ne connaît pas le travail
γεωργίας,	de la culture,
οὐκ ἐπίνοιαν ἐμπορίας·	ni le souci du commerce;
κάθηται δὲ ἐπὶ ἑνὸς τόπου	mais il est assis à un seul lieu
τρέφων θηρία ἐπὶ τῆς ἑστίας·	engraissant *ses* bestiaux à son foyer;
βούλεται τὰ πάντα φύεσθαι αὐτῷ	il veut toutes choses pousser pour lui
ἄσπαρτα καὶ ἀνήροτα·	non-semées et non-labourées;

16 ΓΡΗΓΟΡΙΟΥ ΟΜΙΛΙΑ ΚΑΤΑ ΤΩΝ ΤΟΚΙΖΟΝΤΩΝ.

κάλαμον· χώραν, τὸν χάρτην· σπέρμα, τὸ μέλαν· ὑετὸν, χρόνον, αὐξάνοντα αὐτῷ λανθανόντως τὴν τῶν χρημάτων ἐπικαρπίαν· δρέπανόν ἐστιν αὐτῷ ἡ ἀπαίτησις· ἅλων, ἡ οἰκία, ἐφ' ἧς λεπτύνει τὰς τῶν θλιβομένων οὐσίας. Τὰ πάντων ἴδια βλέπει. Εὔχεται τοῖς ἀνθρώποις ἀνάγκας καὶ συμφορὰς, ἵνα πρὸς αὐτὸν ἠναγκασμένως ἀπέλθωσι· μισεῖ τοὺς ἑαυτοῖς ἀρκοῦντας, καὶ τοὺς μὴ δεδανεισμένους ἐχθροὺς ἡγεῖται. Προσεδρεύει τοῖς δικαστηρίοις, ἵνα εὕρῃ τὸν στενούμενον τοῖς ἀπαιτηταῖς, καὶ τοῖς πράκτορσιν ἀκολουθεῖ, ὡς ταῖς παρατάξεσι καὶ τοῖς πολέμοις οἱ γῦπες· περιφέρει τὸ βαλάντιον, καὶ δείκνυσι τοῖς πνιγομένοις τῆς θήρας δέλεαρ, ἵν' ἐκείνῳ διὰ τὴν χρείαν περιχήναντες, συγκαταπίωσι τοῦ τόκου τὸ ἄγκιστρον. Καθ' ἡμέραν ἀριθμεῖ τὸ κέρδος, καὶ τῆς ἐπιθυμίας οὐκ ἐμπίπλαται·

un parchemin, pour semence de l'encre; sa pluie, à lui, c'est le temps, qui grossit insensiblement sa récolte d'écus; sa faucille, c'est la réclamation; son aire, cette maison où il réduit en poudre la fortune des malheureux qu'il pressure. Ce qui est à tout autre, il le regarde comme sien; il souhaite aux hommes des besoins et des maux, afin qu'ils soient forcés de venir à lui; il hait quiconque sait se suffire, et voit des ennemis dans ceux qui n'empruntent point. Il assiste à tous les procès, afin de découvrir un homme que pressent des créanciers, et suit les gens d'affaires comme les vautours suivent les armées; il promène sa bourse de tous côtés, il présente l'appât à ceux qu'il voit suffoquer, afin que si la nécessité les force d'ouvrir la bouche, ils avalent en même temps l'hameçon de l'intérêt. Chaque jour il calcule son gain, et jamais sa cupidité n'est assouvie; il s'indigne contre l'or qui se trouve

ἔχει ἄροτρον τὸν κάλαμον·	il a *pour* charrue le roseau (la plume);
χώραν, τὸν χάρτην·	*pour* terrain, le papier;
σπέρμα, τὸ μέλαν·	*pour* semence, le noir (l'encre);
ὑετὸν, χρόνον,	*pour* pluie, le temps,
αὐξάνοντα αὐτῷ λανθανόντως	qui fait-croître à lui insensiblement
τὴν ἐπικαρπίαν τῶν χρημάτων·	le fruit des capitaux;
ἡ ἀπαίτησις	la réclamation
ἐστιν αὐτῷ δρέπανον·	est pour lui une faucille;
ἅλων, ἡ οἰκία,	*son* aire *est* la maison,
ἐπὶ ἧς λεπτύνει	dans laquelle il amincit (réduit)
τὰς οὐσίας	les biens
τῶν θλιβομένων.	de ceux qui sont pressurés *par lui*.
Βλέπει τὰ πάντων	Il regarde les *biens* de tous
ἴδια.	*comme les siens* propres.
Εὔχεται τοῖς ἀνθρώποις	Il souhaite aux hommes
ἀνάγκας καὶ συμφορὰς,	des nécessités et des malheurs,
ἵνα ἠναγκασμένως	afin que nécessairement
ἀπέλθωσι πρὸς αὐτόν·	ils viennent à lui;
μισεῖ τοὺς ἀρκοῦντας ἑαυτοῖς,	il hait ceux qui suffisent à eux-mêmes,
καὶ ἡγεῖται	et estime (regarde)
ἐχθροὺς	*comme* des ennemis
τοὺς μὴ δεδανεισμένους.	ceux qui n'ont pas emprunté.
Προσεδρεύει τοῖς δικαστηρίοις,	Il assiége les tribunaux,
ἵνα εὕρῃ	afin qu'il trouve [teurs,
τὸν στενούμενον τοῖς ἀπαιτηταῖς,	celui qui est serré par les réclama-
καὶ ἀκολουθεῖ τοῖς πράκτορσιν,	et il suit les percepteurs,
ὡς οἱ γῦπες	comme les vautours [taille
ταῖς παρατάξεσι	*suivent* les troupes-rangées-en-ba-
καὶ τοῖς πολέμοις·	et les combats;
περιφέρει τὸ βαλάντιον,	il porte de-tous-côtés sa bourse.
καὶ δείκνυσι	et montre [cessité
τοῖς πνιγομένοις	à ceux qui sont étranglés *par la né*-
δέλεαρ τῆς θήρας,	l'amorce de la proie,
ἵνα περιχήναντες ἐκείνῳ	afin qu'ayant ouvert-la bouche à elle
διὰ τὴν χρείαν,	à-cause-du besoin,
συγκαταπίωσι	ils avalent-en-même-temps
τὸ ἄγκιστρον τοῦ τόκου.	l'hameçon de l'intérêt.
Ἀριθμεῖ τὸ κέρδος κατὰ ἡμέραν,	Il compte son gain *jour* par jour,
καὶ οὐκ ἐμπίπλαται	et il n'est pas rassasié
τῆς ἐπιθυμίας·	du désir;

ἄχθεται πρὸς τὸν χρυσὸν τὸν ἐπὶ τῆς οἰκίας ἀποκείμενον, διότι κεῖται ἀργὸς καὶ ἄπρακτος· μιμεῖται τοὺς γεωργοὺς τοὺς ἀπὸ τῶν σωρῶν ἀεὶ σπέρματα αἰτοῦντας· οὐκ ἀνίησι τὸν ἄθλιον χρυσὸν, ἀλλ' ἐκ χειρῶν εἰς χεῖρας μετάγει. Βλέπεις γοῦν τὸν πλούσιον καὶ πολύχρυσον πολλάκις μηδὲ ἓν νόμισμα ἔχοντα ἐπὶ τῆς οἰκίας, ἀλλ' ἐν χάρταις τὰς ἐλπίδας, ἐν ὁμολογίαις τὴν ὑπόστασιν, μηδὲν ἔχοντα καὶ πάντα κατέχοντα· πρὸς τοὐναντίον τοῦ ἀποστολικοῦ γράμματος [1] κεχρημένον τῷ βίῳ, πάντα διδόντα τοῖς αἰτήσασιν, οὐ διὰ φιλάνθρωπον γνώμην, ἀλλὰ διὰ φιλάργυρον τρόπον. Αἱρεῖται γὰρ τὴν πρόσκαιρον πενίαν, ἵνα, ὡς δοῦλος ἐπίμοχθος, ὁ χρυσὸς ἐργασάμενος μετὰ τῶν μισθῶν ἐπανέλθῃ. Ὁρᾷς ὅπως ἡ τοῦ μέλλοντος ἐλπὶς κενοῖ τὴν οἰκίαν, καὶ ποιεῖ τὸν πολύχρυσον ἀκτήμονα πρόσκαιρον; Τούτου δὲ τίς ἡ αἰτία; Ἡ ἐν τῷ χάρτῃ γραφή, ἡ ὁμολογία τοῦ στενωθέντος.

dans sa maison, parce qu'il est là oisif et stérile ; il imite l'agriculteur qui vient sans cesse demander de la semence à ses greniers ; il ne laisse point de repos à ce malheureux or, mais il le fait passer sans relâche de main en main. Aussi voit-on souvent un homme extrêmement riche n'avoir pas même une pièce d'argent à la maison ; ses espérances sont sur des parchemins, tout son bien est en contrats, il n'a rien et il tient tout ; il prend la vie au rebours de la parole de l'apôtre, donnant tout à ceux qui lui demandent, non par sentiment d'humanité, mais par avarice. Il accepte une pauvreté temporaire, afin que son or, après avoir travaillé comme un esclave infatigable, lui revienne avec un salaire. Vois-tu comment, grâce à cet espoir dans l'avenir, la maison devient vide, et le riche se fait pauvre pour un temps ? Quelle en est la cause ? l'acte dressé sur parchemin, la reconnaissance d'un débi-

ἄχθεται πρὸς τὸν χρυσὸν	il s'indigne contre l'or
τὸν ἀποκείμενον ἐπὶ τῆς οἰκίας,	celui mis-de-côté dans la maison,
διάτι κεῖται ἀργὸς	parce qu'il est-gisant oisif
καὶ ἄπρακτος·	et improductif;
μιμεῖται τοὺς γεωργοὺς	il imite les cultivateurs [ces
τοὺς αἰτοῦντας ἀεὶ σπέρματα	qui demandent toujours des semen-
ἀπὸ τῶν σωρῶν·	aux tas;
οὐκ ἀνίησι	il ne donne-pas-de-relâche
τὸν ἄθλιον χρυσὸν,	au malheureux or,
ἀλλὰ μετάγει	mais il le fait-passer
ἐκ χειρῶν εἰς χεῖρας·	de mains en mains.
Βλέπεις γοῦν	Tu vois en-conséquence
τὸν πλούσιον	celui qui est riche
καὶ πολύχρυσον	et qui-a-beaucoup-d'or
ἔχοντα πολλάκις	n'ayant souvent
μηδὲ ἓν νόμισμα	pas même une pièce-de-monnaie
ἐπὶ τῆς οἰκίας,	à la maison,
ἀλλὰ τὰς ἐλπίδας	mais ayant ses espérances
ἐν χάρταις,	en des parchemins,
τὴν ὑπόστασιν ἐν ὁμολογίαις,	son bien en des contrats,
ἔχοντα μηδὲν	n'ayant rien
καὶ κατέχοντα πάντα·	et possédant tout;
κεχρημένον τῷ βίῳ	usant de la vie
πρὸς τὸ ἐναντίον	dans le sens contraire
τοῦ γράμματος ἀποστολικοῦ,	de l'écrit de l'apôtre,
διδόντα πάντα τοῖς αἰτήσασιν,	donnant tout à ceux qui ont demandé,
οὐ διὰ γνώμην φιλάνθρωπον,	non par sentiment humain,
ἀλλὰ διὰ τρόπον φιλάργυρον.	mais par caractère ami-de-l'argent.
Αἱρεῖται γὰρ	Car il choisit
τὴν πενίαν πρόσκαιρον,	la pauvreté momentanée,
ἵνα, ὡς δοῦλος ἐπίμοχθος,	afin que, comme un esclave laborieux,
ὁ χρυσὸς ἐργασάμενος	l'or ayant travaillé
ἐπανέλθῃ μετὰ τῶν μισθῶν.	revienne avec les salaires.
Ὁρᾷς ὅπως ἡ ἐλπὶς τοῦ μέλλοντος	Vois-tu comme l'espoir de l'avenir
κενοῖ τὴν οἰκίαν,	rend-vide la maison,
καὶ ποιεῖ τὸν πολύχρυσον	et fait de celui qui-a-beaucoup-d'or
ἀκτήμονα πρόσκαιρον;	un pauvre momentané?
Τίς δὲ ἡ αἰτία τούτου;	Et quelle est la cause de ceci?
Ἡ γραφὴ ἐν τῷ χάρτῃ,	L'écriture sur le papier,
ἡ ὁμολογία	la reconnaissance

Δώσω μετὰ τῆς ἐργασίας· ὑποτελέσω μετὰ τοῦ γινομένου. Εἶτα, παρακαλῶ, ὁ μὲν χρεώστης, καὶ ἄπορος ὤν, διὰ τὴν συγγραφὴν πιστεύεται· ὁ δὲ Θεὸς, πλούσιος ὢν καὶ ἐπαγγελλόμενος, οὐκ ἀκούεται; Δὸς, καὶ ἐγὼ ἀποδώσω, βοᾷ γράψας ἐν εὐαγγελίοις[1], ἐν χειρογράφῳ δημοσίῳ τῆς οἰκουμένης, ὃ τέσσαρες ἔγραψαν εὐαγγελισταὶ, ἀνθ' ἑνὸς συμβολογράφου, οὗ μάρτυρες πάντες οἱ ἐκ τῶν χρόνων τῆς σωτηρίας Χριστιανοί. Ἔχεις ὑποθήκην τὸν παράδεισον, ἐνέχυρον ἀξιόπιστον. Εἰ δὲ καὶ ἐνταῦθα ζητεῖς, ὅλος ὁ κόσμος τοῦ εὐγνώμονος χρεώστου κτῆμα. Περιέργασαι σαφῶς τὴν εὐπορίαν τοῦ ζητοῦντος τὴν εὐεργεσίαν, καὶ εὑρήσεις τὸν πλοῦτον. Πᾶσα γὰρ χρυσῖτις τοῦ χρεώστου τούτου κτῆμα· πᾶν μέταλλον ἀργυρίου καὶ χαλκοῦ καὶ τῶν ἑξῆς ὑλῶν τῆς ἐκείνου δεσποτείας μέρος. Ἀπόβλεψον

teur misérable. « Je te donnerai mon argent à condition qu'il produise. — Je te le rendrai avec intérêt. » Puis, le croirait-on? l'emprunteur, bien que sans ressources, est cru sur son contrat; et Dieu, qui est riche et qui promet, n'est point écouté? Donne, et je te rendrai, s'écrie Dieu dans les Évangiles, dans ce contrat commun de toute la terre, écrit par quatre évangélistes au lieu d'un scribe, et qui a pour témoins, depuis les jours du salut, tous les chrétiens. Ta garantie est le paradis, gage précieux. Que si là même tu cherches des sûretés, l'univers entier appartient à ce débiteur de bonne volonté. Étudie curieusement les ressources de celui qui demande ton bienfait, et tu découvriras la richesse. La moindre mine d'or est à ce débiteur; toutes les mines d'argent, de cuivre et d'autres métaux, sont une partie de son domaine. Lève les yeux vers le vaste ciel,

τοῦ στενωθέντος.	de celui qui a été pressuré.
Δώσω	Je donnerai *telle somme* [rapporte];
μετὰ τῆς ἐργασίας·	avec le travail (à condition qu'elle
ὑποτελέσω	je *la* rendrai
μετὰ τοῦ γινομένου.	avec ce qui se produit (l'intérêt).
Εἶτα, παρακαλῶ,	Puis, je *te* prends-à-témoin,
ὁ μὲν χρεώστης,	l'emprunteur,
καὶ ὢν ἄπορος,	même étant sans-ressources,
πιστεύεται διὰ τὴν συγγραφήν·	est cru à cause du contrat;
ὁ δὲ Θεὸς,	mais Dieu,
ὢν πλούσιος καὶ ἐπαγγελλόμενος,	étant riche et promettant,
οὐκ ἀκούεται;	n'est pas écouté?
Δὸς, καὶ ἐγὼ ἀποδώσω,	Donne, et je rendrai,
βοᾷ	crie-t-il
γράψας ἐν εὐαγγελίοις,	*l*'ayant écrit dans les évangiles,
ἐν χειρογράφῳ δημοσίῳ	dans le contrat public
τῆς οἰκουμένης,	de la *terre* habitée,
ὃ ἔγραψαν τέσσαρες εὐαγγελισταὶ	qu'ont écrit quatre évangélistes
ἀντὶ ἑνὸς συμβολογράφου,	au lieu d'un seul écrivain-de-con-
οὗ μάρτυρες	duquel *sont* témoins [trats,
πάντες οἱ Χριστιανοὶ	tous les chrétiens
ἐκ τῶν χρόνων τῆς σωτηρίας.	depuis les temps du salut.
Ἔχεις ὑποθήκην	Tu as pour bien-hypothéqué
τὸν παράδεισον,	le paradis,
ἐνέχυρον ἀξιόπιστον.	gage digne-de-foi.
Εἰ δὲ ζητεῖς καὶ ἐνταῦθα,	Et si tu cherches aussi là,
πᾶς ὁ κόσμος	tout le monde
κτῆμα	*est* la possession
τοῦ χρεώστου εὐγνώμονος.	de ce débiteur de-bonne-volonté.
Περιέργασαι σαφῶς	Recherche *pour la voir* clairement
τὴν εὐπορίαν	l'opulence
τοῦ ζητοῦντος τὴν εὐεργεσίαν,	de celui qui demande le bienfait,
καὶ εὑρήσεις τὸν πλοῦτον.	et tu découvriras la richesse.
Πᾶσα γὰρ χρυσῖτις	Car toute *terre* qui-contient-de-l'or
κτῆμα τοῦ χρεώστου τούτου·	*est* la possession de ce débiteur-là;
πᾶν μέταλλον ἀργυρίου	toute mine d'argent
καὶ χαλκοῦ	et de cuivre
καὶ τῶν ὑλῶν ἑξῆς	et des matières à-la-suite
μέρος τῆς δεσποτείας ἐκείνου.	*est* une partie du domaine de celui-là.
Ἀπόβλεψον	Regarde

22 ΓΡΗΓΟΡΙΟΥ ΟΜΙΛΙΑ ΚΑΤΑ ΤΩΝ ΤΟΚΙΖΟΝΤΩΝ.

εἰς τὸν μέγαν οὐρανὸν, κατάμαθε τὴν ἄπειρον θάλασσαν, ἱστόρησον τὸ πλάτος τῆς γῆς, ἀρίθμησον τὰ ἐπ᾽ αὐτῆς τρεφόμενα ζῶα· πάντα δοῦλα καὶ κτήματα οὗ σὺ ὡς ἀπόρου καταφρονεῖς· σωφρόνησον, ἄνθρωπε· μὴ καθυβρίσῃς τὸν Θεὸν, μηδὲ ἡγήσῃ τῶν τραπεζιτῶν ἀτιμότερον, οἷς ἐγγυωμένοις ἀναμφιβόλως πιστεύσεις· δὸς ἐγγυητῇ μὴ ἀποθνήσκοντι· πίστευσον χειρογράφῳ μὴ βλεπομένῳ, μηδὲ σπαρασσομένῳ· μὴ ἐπερωτήσῃς τὴν ἐργασίαν, ἀλλὰ δὸς ἀκαπήλευτον τὴν εὐεργεσίαν· καὶ ὄψει σοι τὸν Θεὸν μετὰ προσθήκης ἀποδιδόντα τὴν χάριν.

V. Ἂν δὲ ξενίζῃ σου τὴν ἀκοὴν ὁ παράδοξος λόγος, πρόχειρον ἔχω τὴν μαρτυρίαν, ὅτι τοῖς εὐσεβῶς δαπανῶσι καὶ εὐεργετοῦσι πολυπλασιάζων ὁ Θεὸς τὴν ἀμοιβὴν ἀποδίδωσιν. Πέτρου γὰρ ἐρωτῶντος καὶ λέγοντος· Ἰδοὺ[1] ἡμεῖς ἀφήκαμεν πάντα, καὶ ἠκολουθήσαμέν σοι, τί ἄρα ἔσται ἡμῖν; Ἀμὴν λέγω ὑμῖν,

contemple la mer sans bornes, cherche à connaître l'immensité de la terre, compte les animaux qu'elle nourrit; voilà les biens, voilà les esclaves de celui que tu crois pauvre et que tu méprises; sois sage, ô homme; n'outrage pas ton Dieu, ne fais pas de lui moins d'estime que de ces banquiers dont tu acceptes sans hésiter la caution; donne à un garant qui ne meurt point; fie-toi à un contrat qui ne se voit point, qui ne se déchire point; ne réclame pas d'intérêts, ne trafique pas de ton bienfait, et tu verras Dieu te rendre grâce et ajouter à sa dette.

V. Que si ces paroles semblent étranges à ton oreille, j'ai un témoignage tout prêt pour te prouver que Dieu paye au centuple les hommes pieux qui consacrent leur or à des bienfaits. Quand Pierre prit la parole et dit : Tu vois que nous avons tout quitté et que nous t'avons suivi; quelle sera donc notre récompense? Je vous le dis en

εἰς τὸν μέγαν οὐρανὸν,	vers le grand ciel,
κατάμαθε τὴν θάλασσαν ἄπειρον,	contemple la mer infinie,
ἱστόρησον τὸ πλάτος τῆς γῆς,	étudie l'étendue de la terre,
ἀρίθμησον τὰ ζῶα	compte les animaux
τρεφόμενα ἐπὶ αὐτῆς·	qui se nourrissent sur elle :
πάντα δοῦλα καὶ κτήματα	tous *sont* esclaves et biens
οὗ σὺ καταφρονεῖς	de *celui-là* que toi tu méprises
ὡς ἀπόρου·	comme indigent ;
σωφρόνησον, ἄνθρωπε·	sois-sage, homme ;
μὴ καθυβρίσῃς τὸν Θεὸν,	n'outrage pas Dieu,
μηδὲ ἡγήσῃ ἀτιμότερον	et ne *le* crois pas moins-estimable
τῶν τραπεζιτῶν,	que les banquiers,
οἷς ἐγγυωμένοις	auxquels garantissant
πιστεύσεις ἀναμφιβόλως·	tu croiras sans-hésitation ;
δὸς ἐγγυητῇ μὴ ἀποθνήσκοντι·	donne à un garant qui ne meurt pas ;
πίστευσον χειρογράφῳ	aie-confiance en un contrat
μὴ βλεπομένῳ,	qui ne se voit pas,
μηδὲ σπαρασσομένῳ·	et qui ne se déchire pas ;
μὴ ἐπερωτήσῃς	ne demande-pas-en-sus
τὴν ἐργασίαν,	le travail (loyer),
ἀλλὰ δὸς τὴν εὐεργεσίαν	mais donne le bienfait
ἀκαπήλευτον·	non-mercantile ;
καὶ ὄψει τὸν Θεὸν	et tu verras Dieu
ἀποδιδόντα σοι τὴν χάριν	rendant à toi la grâce
μετὰ προσθήκης.	avec addition.
V. Ἂν δὲ ὁ λόγος παράδοξος	V. Mais si ce discours étrange
ξενίζῃ τὴν ἀκοήν σου,	surprend l'oreille de toi,
ἔχω τὴν μαρτυρίαν πρόχειρον,	j'ai le témoignage tout-prêt,
ὅτι ὁ Θεὸς	*pour montrer* que Dieu
ἀποδίδωσι τὴν ἀμοιβὴν	rend la rétribution
πολυπλασιάζων	en multipliant
τοῖς δαπανῶσιν εὐσεβῶς	à ceux qui dépensent pieusement
καὶ εὐεργετοῦσι.	et qui font-le-bien.
Πέτρου γὰρ ἐρωτῶντος	Car Pierre demandant
καὶ λέγοντος·	et disant :
Ἰδοὺ ἡμεῖς	Voici-que nous
ἀφήκαμεν πάντα,	nous avons abandonné toutes choses,
καὶ ἠκολουθήσαμέν σοι,	et nous avons suivi toi, [à nous ?
τί ἄρα ἔσται ἡμῖν;	quoi donc (quelle récompense) sera
Ἀμὴν λέγω ὑμῖν, φησί·	En vérité je *le* dis à vous, dit-il :

φησί· πᾶς ὅστις ἀφῆκεν οἰκίας, ἢ ἀδελφοὺς, ἢ ἀδελφὰς, ἢ πατέρα, ἢ μητέρα, ἢ γυναῖκα, ἢ τέκνα, ἢ ἀγροὺς, ἑκατονταπλασίονα λήψεται, καὶ ζωὴν αἰώνιον κληρονομήσει. Ὁρᾷς τὴν φιλοτιμίαν; βλέπεις τὴν ἀγαθότητα; Ὁ σφόδρα ἀναίσχυντος δανειστὴς κάμνει ἵνα διπλασιάσῃ τὸ κεφάλαιον· ὁ Θεὸς δὲ αὐθαιρέτως τῷ μὴ θλίβοντι τὸν ἀδελφὸν τὸ ἑκατονταπλάσιον δίδωσιν. Πείθου οὖν τῷ Θεῷ συμβουλεύοντι, καὶ λήψῃ τόκους ἀναμαρτήτους. Ἵνα τί[1] μετὰ ἁμαρτίας μερίμναις σαυτὸν ἐκτήκεις; Τὰς ἡμέρας ἀριθμῶν, τοὺς μῆνας ψηφίζων[2], τὸ κεφάλαιον ἐννοῶν, τὰς προσθήκας ὀνειροπολῶν, φοβούμενος τὴν προθεσμίαν, μὴ ἄκαρπος παραγένηται ὡς θέρος χαλαζωθὲν, περιεργάζεται ὁ δανειστὴς τοῦ χρεώστου τὰς πράξεις, τὰς ἐκδημίας, τὰ κινήματα, τὰς μεταβάσεις, τὰς ἐμπορίας· κἂν φήμη τις παραγένηται σκυθρωπὴ, ὅτι λησταῖς ὁ δεῖνα περιέπεσεν, ἢ ἔκ τινος περιστάσεως εἰς πενίαν αὐτῷ μετεβλήθη ἡ

vérité, répondit Jésus, quiconque aura quitté sa maison, ou ses frères, ou ses sœurs, ou son père, ou sa mère, ou sa femme, ou ses enfants, ou ses terres, recevra le centuple, et aura pour héritage la vie éternelle. Vois-tu quelle générosité? Comprends-tu quelle bonté? L'usurier le plus éhonté prend mille peines pour doubler son argent; et Dieu, de son plein gré, donne le centuple à quiconque ne pressure pas son frère. Écoute le conseil de ce Dieu, et tu recevras des intérêts assurés. Pourquoi, outre que tu te rends coupable, te consumes-tu de soucis? Calculant les jours, comptant les mois, songeant au capital, rêvant des intérêts, craignant le jour de l'échéance, de peur qu'il ne soit stérile comme une moisson frappée de la grêle, l'usurier épie les affaires de son débiteur, ses voyages, ses mouvements, ses pas, son commerce; si une rumeur sinistre se répand, que tel ou tel est tombé dans les mains de voleurs, ou qu'un coup soudain a changé son aisance en pauvreté, le voilà assis.

πᾶς ὅστις ἀφῆκεν	tout *homme* qui a abandonné
οἰκίας,	des maisons,
ἢ ἀδελφοὺς, ἢ ἀδελφὰς,	ou des frères, ou des sœurs,
ἢ πατέρα, ἢ μητέρα,	ou un père, ou une mère,
ἢ γυναῖκα, ἢ τέκνα,	ou une femme, ou des enfants
ἢ ἀγροὺς,	ou des terres,
λήψεται ἑκατονταπλασίονα,	recevra le centuple,
καὶ κληρονομήσει ζωὴν αἰώνιον.	et héritera de la vie éternelle.
Ὁρᾷς τὴν φιλοτιμίαν;	Vois-tu la munificence?
βλέπεις τὴν ἀγαθότητα;	aperçois-tu la bonté?
Ὁ δανειστὴς	Le prêteur
σφόδρα ἀναίσχυντος	fortement impudent
κάμνει	se-donne-de-la-peine
ἵνα διπλασιάσῃ τὸ κεφάλαιον·	afin qu'il double le capital;
ὁ δὲ Θεὸς αὐθαιρέτως	mais Dieu spontanément
δίδωσι τὸ ἑκατονταπλάσιον	donne le centuple
τῷ μὴ θλίβοντι τὸν ἀδελφόν.	à celui qui ne pressure pas son frère.
Πείθου οὖν	Obéis donc
Θεῷ συμβουλεύοντι,	à Dieu *te* conseillant,
καὶ λήψῃ	et tu recevras
τόκους ἀναμαρτήτους.	des intérêts infaillibles.
Ἵνα τί	Afin que quoi *arrive* (pourquoi)
μετὰ ἁμαρτίας	avec péché (tout en péchant)
ἐκτήκεις σαυτὸν μερίμναις;	consumes-tu toi-même de soucis?
Ἀριθμῶν τὰς ἡμέρας,	Comptant les jours,
ψηφίζων τοὺς μῆνας,	calculant les mois,
ἐννοῶν τὸ κεφάλαιον,	songeant au capital,
ὀνειροπολῶν τὰς προσθήκας,	rêvant des additions (intérêts),
φοβούμενος τὴν προθεσμίαν,	craignant l'échéance; [fruits
μὴ παραγένηται ἄκαρπος	de peur qu'elle ne se présente sans-
ὡς θέρος χαλαζωθὲν,	comme une moisson grêlée,
ὁ δανειστὴς περιεργάζεται	le créancier s'occupe-curieusement
τὰς πράξεις τοῦ χρεώστου,	des actions du débiteur,
τὰς ἐκδημίας, τὰ κινήματα,	de ses voyages, de ses mouvements,
τὰς μεταβάσεις,	de ses déplacements,
τὰς ἐμπορίας·	de ses marchés;
καὶ ἄν τις φήμη σκυθρωπὴ	et si quelque bruit fâcheux
παραγένηται,	est survenu,
ὅτι ὁ δεῖνα περιέπεσε λησταῖς,	qu'un tel est tombé-dans des voleurs,
ἢ ἔκ τινος περιστάσεως	ou *que* par quelque circonstance

εὐπορία, κάθηται, τὼ χεῖρε¹ συνδήσας, στένει συνεχῶς, ὑποδακρύει πολλά· ἀνελίττει τὸ χειρόγραφον, θρηνεῖ ἐν τοῖς γράμμασι τὸν χρυσὸν, προκομίζων τὸ συμβόλαιον, ὡς ἱμάτιον υἱοῦ τελευτήσαντος, ἀπ' ἐκείνου θερμότερον ἐγείρει τὸ πάθος. Ἂν δὲ καὶ ναυτικὸν ᾖ τὸ δάνεισμα, τοῖς αἰγιαλοῖς προσκάθηται, τὰς κινήσεις μεριμνᾷ τῶν ἀνέμων, συνεχῶς διερωτᾷ τοὺς καταίροντας, μή που ναυάγιον ἠκούσθη, μή που πλέοντες ἐκινδύνευσαν. Παχνοῦται τὴν ψυχὴν ἐκ τῶν λειψάνων τῆς μεθημερινῆς φροντίδος. Πρὸς δὴ τὸν τοιοῦτον λεκτέον· Παῦσαι, ἄνθρωπε, μερίμνης ἐπικινδύνου, ἀνάπαυσαι ἀπὸ ἐλπίδος τηκούσης, μὴ τόκους ζητῶν σαυτῷ τὸ κεφάλαιον διαφθείρῃς· παρὰ πένητος ζητεῖς προσόδους καὶ προσθήκας πλούτου, παραπλήσιον ποιῶν ὡς εἴ τις ἀπὸ χώρας αὐχμῷ θερμοτάτῳ ξηραν-

joignant les mains, il ne cesse de gémir, il verse des ruisseaux de larmes ; il déroule le parchemin, il pleure son or sur les caractères, et tirant le contrat de son armoire, comme la robe d'un fils qui n'est plus, il sent à cette vue s'éveiller en lui une douleur plus cuisante. S'il a prêté à la grosse, il demeure assis près du rivage, il s'inquiète des vents qui changent, il interroge sans relâche tous ceux qui abordent : leur a-t-on parlé d'un naufrage? ont-ils couru des risques dans la traversée? Et ces soucis de tous les jours laissent son âme assombrie. C'est à lui qu'il faut dire : Renonce, ô homme, à cette inquiétude dangereuse, quitte cet espoir qui te mine, ne perds pas ton capital en courant après les intérêts ; tu demandes au pauvre des revenus et de nouvelles richesses, et tu ressembles à un homme qui

ἡ εὐπορία μετεβλήθη αὐτῷ εἰς πενίαν,	l'abondance a été changée pour lui en pauvreté,
κάθηται, συνδήσας τὼ χεῖρε,	il reste-assis, ayant joint les mains,
στένει συνεχῶς,	gémit continuellement,
ὑποδακρύει πολλά·	pleure beaucoup;
ἀνελίττει τὸ χειρόγραφον,	il déroule le contrat,
θρηνεῖ τὸν χρυσὸν	il déplore son or
ἐν τοῖς γράμμασι,	sur les caractères,
προκομίζων τὸ συμβόλαιον,	sortant l'acte,
ὡς ἱμάτιον υἱοῦ	comme le vêtement d'un fils
τελευτήσαντος,	qui a cessé *de vivre*,
ἀπὸ ἐκείνου	et de *la vue de* celui-là
ἐγείρει τὸ πάθος θερμότερον.	il anime son affliction plus brûlante.
Ἂν δὲ καὶ τὸ δάνεισμα	Et si aussi le prêt
ᾖ ναυτικὸν,	est *de l'argent* donné-à-la-grosse,
προσκάθηται τοῖς αἰγιαλοῖς,	il reste-assis-auprès du rivage,
μεριμνᾷ	il prend-souci
τὰς κινήσεις τῶν ἀνέμων,	des variations des vents,
διερωτᾷ συνεχῶς	il interroge continuellement
τοὺς καταίροντας,	ceux qui abordent,
μή που ναυάγιον ἠκούσθη,	si peut-être un naufrage a été appris,
μή που πλέοντες	si peut-être naviguant
ἐκινδύνευσαν.	ils ont couru-des-risques.
Παχνοῦται τὴν ψυχὴν	Il est contristé dans l'âme
ἐκ τῶν λειψάνων	par-suite des restes
τῆς φροντίδος μεθημερινῆς.	du souci de-chaque-jour.
Πρὸς δὴ τὸν τοιοῦτον	*C'est* assurément à *l'homme* tel
λεκτέον·	qu'il faut dire :
Παῦσαι, ἄνθρωπε,	Cesse, ô homme,
μερίμνης ἐπικινδύνου,	un souci dangereux,
ἀνάπαυσαι	repose-toi
ἀπὸ ἐλπίδος τηκούσης,	d'une espérance qui *te* consume,
μὴ διαφθείρῃς τὸ κεφάλαιον	de peur que tu perdes le capital
σαυτῷ,	à toi-même,
ζητῶν τόκους·	en cherchant des intérêts;
ζητεῖς παρὰ πένητος	tu cherches de-la-part du pauvre
προσόδους	des revenus
καὶ προσθήκας πλούτου,	et des additions de richesse,
ποιῶν παραπλήσιον	faisant une chose semblable
ὡς εἴ τις θελήσειε	comme si quelqu'un voulait

θείσης λαβεῖν θελήσειε σίτου θημωνιὰς, ἢ πλῆθος βοτρύων ἐξ ἀμπέλου μετὰ νέφος χαλαζηφόρον, ἢ τέκνων τόκον ἀπὸ στείρας γαστρὸς, ἢ γάλακτος τροφὴν ἐξ ἀτόκων γυναικῶν. Οὐδεὶς ἐγχειρεῖ τοῖς παρὰ φύσιν καὶ ἀδυνάτοις, ἐπεὶ, πρὸς τῷ μηδὲν κατορθοῦν, προσοφλισκάνει γέλωτα. Μόνος ὁ Θεὸς παντοδύναμος· ὃς ἐκ τῶν ἀπόρων εὑρίσκει τοὺς πορισμοὺς, καὶ τὰ παρ' ἐλπίδα καὶ προσδοκίαν δημιουργεῖ· νῦν μὲν κελεύων πέτρας πηγὴν ἀποῤῥεῖν, αὖθις δὲ βρέχων ἐξ οὐρανοῦ ἄρτον[1] ἀσυνήθη καὶ ξένον· καὶ πάλιν γλυκαίνων τὴν πικρὰν Μεῤῥὰν[2] ἐπαφῇ ξύλου· καὶ τῆς στείρας Ἐλισάβετ[3] εὔτοκον ποιῶν τὴν γαστέρα· καὶ διδοὺς τῇ Ἄννᾳ[4] τὸν Σαμουὴλ, καὶ τῇ Μαρίᾳ τὸν ἐν παρθενίᾳ πρωτότοκον. Ταῦτα μόνα τῆς παντοδυνάμου χειρὸς ἔργα.

voudrait obtenir des monceaux de blé d'un champ aride, brûlé par la sécheresse, ou de riches grappes d'une vigne sur laquelle a passé un nuage chargé de grêle, ou des enfants d'un ventre stérile, ou un lait nourrissant de femmes qui n'ont point enfanté. Nul ne tente ce qui est contre nature, ce qui est impossible ; car, outre la vanité des efforts, on prête encore à rire. Dieu seul est tout-puissant ; lui qui trouve la voie de ce qui semblait impossible et qui exécute ce qu'on n'osait ni espérer ni attendre, tantôt ordonnant à la source de couler du rocher, tantôt faisant tomber du ciel un pain nouveau et miraculeux, tantôt adoucissant l'amère Mara par le contact d'une baguette, fécondant le sein stérile d'Élisabeth, donnant à Anne Samuel et à Marie le premier enfant né d'une vierge. Voilà les œuvres uniques de la main toute-puissante.

λαβεῖν θημωνιὰς σίτου	recevoir des monceaux de blé
ἀπὸ χώρας ξηρανθείσης	d'une terre desséchée
αὐχμῷ θερμοτάτῳ,	par une aridité très-brûlante,
ἢ πλῆθος βοτρύων	ou une grande-quantité de raisins
ἐξ ἀμπέλου	d'une vigne
μετὰ νέφος χαλαζηφόρον,	après une nuée qui-apporte-la-grêle,
ἢ τόκον τέκνων	qu'une naissance d'enfants
ἀπὸ γαστρὸς στείρας,	d'un ventre stérile,
ἢ τροφὴν γάλακτος	ou une nourriture de lait
ἐκ γυναικῶν ἀτόκων.	de femmes qui-n'ont-pas-enfanté.
Οὐδεὶς ἐγχειρεῖ	Personne ne met-la-main
τοῖς παρὰ φύσιν	aux choses contre nature
καὶ ἀδυνάτοις,	et impossibles,
ἐπεὶ, πρὸς τῷ κατορθοῦν μηδὲν,	puisque, outre le *ne* réussir en rien,
προσοφλισκάνει γέλωτα.	il doit-en-outre du rire (prête encore
Ὁ Θεὸς μόνος	Dieu seul [à rire).
παντοδύναμος·	*est* tout-puissant;
ὃς εὑρίσκει τοὺς πορισμοὺς	*lui* qui trouve les moyens [bles,
ἐκ τῶν ἀπόρων,	de (dans) les choses *crues* impossi-
καὶ δημιουργεῖ	et exécute [rance
τὰ παρὰ ἐλπίδα	les choses *qui sont* au delà de l'espé-
καὶ προσδοκίαν·	et de l'attente;
νῦν μὲν κελεύων πηγὴν	tantôt ordonnant une fontaine
ἀπορρεῖν πέτρας,	couler d'un rocher,
αὖθις δὲ	et une-autre-fois
βρέχων ἐξ οὐρανοῦ	faisant-pleuvoir du ciel
ἄρτον ἀσυνήθη καὶ ξένον·	un pain inaccoutumé et étrange;
καὶ πάλιν γλυκαίνων	et encore adoucissant
τὴν πικρὰν Μερρὰν	l'amère Mara
ἐπαφῇ ξύλου·	par un contact de bois;
καὶ ποιῶν εὔτοκον	et faisant heureux-en-enfantement
τὴν γαστέρα	le ventre
τῆς στείρας Ἐλισάβετ·	de la stérile Élisabeth;
καὶ διδοὺς τῇ Ἄννᾳ τὸν Σαμουὴλ,	et donnant à Anne Samuel,
καὶ τῇ Μαρίᾳ	et à Marie
τὸν πρωτότοκον	le premier-né
ἐν παρθενίᾳ.	*conçu* dans la virginité.
Ταῦτα	Ces choses
ἔργα μόνα	*sont* les œuvres uniques
τῆς χειρὸς παντοδυνάμου.	de la main toute-puissante.

VI. Σὺ δὲ χαλκοῦ καὶ χρυσοῦ, τῶν ἀγόνων ὑλῶν, μὴ ζήτει τόκον, μηδὲ βιάζου πενίαν τὰ τῶν πλουτούντων ποιεῖν, μηδὲ διδόναι πλεονασμοὺς τὸν τὸ κεφάλαιον προσαιτοῦντα. Ἢ γὰρ οὐκ οἶδας ὡς δάνους χρεία εὐπρόσωπός ἐστιν ἐλέου αἴτησις; Διὸ καὶ ὁ νόμος, τὸ εἰσαγωγικὸν τῆς εὐσεβείας γράμμα, πανταχοῦ ἀπαγορεύει τὸν τόκον · Ἐὰν δανείσῃς ἀργύριον τῷ ἀδελφῷ σου, οὐκ ἔσῃ αὐτὸν κατεπείγων [1]. Καὶ ἡ χάρις, τῇ πηγῇ τῆς ἀγαθότητος πλεονάζουσα, τῶν ὀφλημάτων νομοθετεῖ τὴν συγχώρησιν · ὅπου μὲν χρηστευομένη καὶ λέγουσα · Καὶ οὐ δανείζετε, παρ' ὧν ἐλπίζετε ἀπολαβεῖν [2]· καὶ ἀλλαχοῦ ἐν παραβολῇ [3] τὸν σκληρὸν οἰκέτην πικρῶς κολάζουσα, ὃς τῷ ὁμοδούλῳ προσκυνοῦντι οὐκ ἐπεκλάσθη, οὐδὲ ἀφῆκεν ἑκατὸν δηναρίων εὐτελὲς χρέως, αὐτὸς τῶν μυρίων ταλάντων λαβὼν τὴν συγχώρησιν. Ὁ δὲ Σωτὴρ ἡμῶν καὶ τῆς εὐσεβείας διδάσκαλος, εὐχῆς κανόνα

VI. Ne demande pas un produit au cuivre et à l'or, matières stériles ; ne force pas la pauvreté à faire œuvre de richesse, ni celui qui te demande un capital à rendre des intérêts. Ne sais-tu donc pas que la demande d'un prêt n'est qu'une demande d'aumône déguisée? Aussi le livre de la loi, qui nous conduit dans les voies de la piété, ne se lasse pas de défendre l'usure : Si tu prêtes de l'argent à ton frère, tu ne le presseras point. Et la grâce, cette source inépuisable de charité, commande la remise des dettes ; ici elle dit avec bonté : Ne prêtez pas à ceux de qui vous espérez recevoir ; ailleurs, dans la parabole, elle châtie amèrement le serviteur impitoyable qui ne se laisse point fléchir par les supplications de son compagnon et ne lui remet point une faible dette de cent deniers, lui qui avait obtenu la remise de dix mille talents. Notre Sauveur, celui qui nous enseigne la piété,

VI. Σὺ δὲ μὴ ζήτει
τόκον χαλκοῦ καὶ χρυσοῦ,
τῶν ὑλῶν ἀγόνων,
μηδὲ βιάζου πενίαν
ποιεῖν τὰ τῶν πλουτούντων,
μηδὲ τὸν προσαιτοῦντα
τὸ κεφάλαιον
διδόναι πλεονασμούς.
Ἢ γὰρ οὐκ οἶδας
ὡς χρεία δάνους
ἐστὶν αἴτησις ἐλέου
εὐπρόσωπος;
Διὸ καὶ ὁ νόμος,
τὸ γράμμα εἰσαγωγικὸν
τῆς εὐσεβείας,
ἀπαγορεύει πανταχοῦ τὸν τόκον·
Ἐὰν δανείσῃς ἀργύριον
τῷ ἀδελφῷ σου,
οὐκ ἔσῃ κατεπείγων αὐτόν.
Καὶ ἡ χάρις,
πλεονάζουσα
τῇ πηγῇ τῆς ἀγαθότητος,
νομοθετεῖ
τὴν συγχώρησιν τῶν ὀφλημάτων·
ὅπου μὲν χρηστευομένη
καὶ λέγουσα·
Καὶ οὐ δανείζετε
παρ' ὧν ἐλπίζετε ἀπολαβεῖν·
καὶ ἀλλαχοῦ ἐν παραβολῇ
κολάζουσα πικρῶς
τὸν οἰκέτην σκληρόν,
ὃς οὐκ ἐπεκλάσθη
τῷ ὁμοδούλῳ
προσκυνοῦντι,
οὐδὲ ἀφῆκε χρέως εὐτελὲς
ἑκατὸν δηναρίων,
αὐτὸς λαβὼν τὴν συγχώρησιν
τῶν μυρίων ταλάντων.
Ὁ δὲ Σωτὴρ ἡμῶν
καὶ διδάσκαλος τῆς εὐσεβείας,

VI. Mais toi ne cherche pas
un produit du cuivre et de l'or,
ces matières inféconces,
et ne force pas la pauvreté [riches,
à faire les *œuvres* de ceux qui sont-
ni celui qui demande
le capital
à donner des intérêts.
Est-ce qu'en effet tu ne sais pas
que le besoin d'un emprunt
est une demande d'aumône
au-beau-visage (déguisée)?
C'est pour-quoi aussi la loi,
cet écrit introductif (qui ouvre la
de la piété,   [voie)
interdit partout l'usure:
Si tu prêtes de l'argent
au frère de toi,
tu ne seras pas pressant lui.
Et la grâce,
qui est-surabondante
par la source de la bonté,
établit-comme-loi
la remise des dettes;
là-où *elle est* montrant-sa-bonté
et disant:
Et ne prêtez pas *à ceux*
de qui vous espérez recouvrer;
et ailleurs dans une parabole
châtiant amèrement
le serviteur dur,
qui ne fut pas fléchi
par son compagnon-d'esclavage
se prosternant *devant lui*,
et ne remit pas une dette lég**è**re
de cent deniers,
lui-même ayant reçu la remise
des dix-mille talents.
Mais le Sauveur de nous
et maître de la piété,

καὶ τύπον ἀπέριττον τοῖς μαθηταῖς εἰσηγούμενος, ἓν καὶ τοῦτο τῆς ἱκεσίας λόγοις ἐνέθηκεν, ὡς μάλιστα δεῖν καὶ πρῶτον ἀρχοῦν δυσωπῆσαι¹ Θεόν· Καὶ ἄφες ἡμῖν τὰ ὀφειλήματα ἡμῶν², καθὼς καὶ ἡμεῖς ἀφήκαμεν τοῖς ὀφειλέταις ἡμῶν. Πῶς οὖν προσεύξῃ, ὁ τοχογλύφος³; μετὰ ποίου συνειδότος αἴτημα ἀγαθὸν ζητήσεις παρὰ Θεοῦ, ὁ πάντα λαμβάνων, καὶ μὴ μαθὼν τὸ διδόναι; Ἢ οὐκ οἶδας ὅτι ἡ προσευχή σου ὑπόμνησις μισανθρωπίας ἐστίν; Τί συνεχώρησας, καὶ συγγνώμην αἰτεῖς; Τίνα ἠλέησας, καὶ καλεῖς τὸν ἐλεήμονα; Ἂν δὲ καὶ δῷς ἐλεημοσύνην, [οὐκ ἐκ] μισανθρώπου φορολογίας, οὐκ ἀπὸ συμφορῶν ἀλλοτρίων δακρύων γέμοντα⁴ καὶ στεναγμῶν; Εἰ ἐγνώριζεν ὁ πένης πόθεν ὀρέγεις τὴν ἐλεημοσύνην, οὐκ ἂν ἐδέξατο, ὡς ἀδελφικῶν σαρκῶν γεύεσθαι μέλλων, καὶ αἵματος τῶν οἰκείων· εἶπε

offrant à ses disciples une règle et un modèle de courte prière, y a fait entrer les paroles qui suivent, comme les plus nécessaires et les plus efficaces pour fléchir Dieu : Et remettez-nous nos dettes comme nous les remettons nous-mêmes à ceux qui nous doivent. Comment donc prieras-tu, toi, l'usurier? De quel front demanderas-tu une grâce à Dieu, toi qui reçois toujours et ne sais pas donner? Ignores-tu que ta prière ne fait que rappeler ton inhumanité? Qu'as-tu pardonné pour venir demander le pardon? Quand as-tu fait miséricorde, toi qui invoques le Dieu miséricordieux? Si tu donnes une aumône, n'est-elle pas le fruit de tes rapines cruelles, n'est-elle pas grosse des malheurs, des larmes, des soupirs d'autrui? Si le pauvre savait l'origine de cette aumône que tu lui offres, il ne l'accepterait pas; il lui semblerait qu'il va goûter à la chair de ses frères et au sang de ses

HOMÉLIE DE SAINT GRÉGOIRE CONTRE LES USURIERS. 33

εἰσηγούμενος τοῖς μαθηταῖς	enseignant à ses disciples
κανόνα καὶ τύπον εὐχῆς	une règle et un modèle de prière
ἀπέριττον,	qui-n'a-rien-de-superflu,
ἐνέθηκε λόγοις	a mis-dans les paroles
τῆς ἱκεσίας	de la supplication
καὶ τοῦτο ἕν,	aussi cette chose unique,
ὡς δεῖν μάλιστα	comme étant-nécessaire surtout
καὶ ἀρκοῦν πρῶτον	et suffisant la première
δυσωπῆσαι Θεόν·	pour persuader Dieu :
Καὶ ἄφες ἡμῖν	Et remets-nous
τὰ ὀφειλήματα ἡμῶν,	les dettes de nous,
καθὼς καὶ ἡμεῖς ἀφήκαμεν	comme aussi nous *les* avons remises
τοῖς ὀφειλέταις ἡμῶν.	aux débiteurs de nous.
Πῶς οὖν προσεύξῃ,	Comment donc prieras-tu,
ὁ τοκογλύφος;	*toi*, le gratteur-d'intérêts?
μετὰ ποίου συνειδότος	avec quelle conscience
αἰτήσεις παρὰ Θεοῦ	solliciteras-tu de Dieu
αἴτημα ἀγαθόν,	une demande bonne,
ὁ λαμβάνων πάντα,	*toi* qui reçois toutes choses,
καὶ μὴ μαθὼν τὸ διδόναι;	et qui n'as pas appris à donner?
Ἢ οὐκ οἶδας	Ou ne sais-tu pas
ὅτι ἡ προσευχή σου	que la prière de toi [manité?
ἐστὶν ὑπόμνησις μισανθρωπίας;	est un moyen-de-rappeler *ton* inhu-
Τί συνεχώρησας,	Qu'as-tu remis, [mise?
καὶ αἰτεῖς συγγνώμην;	et tu demandes (pour demander) re-
Τίνα ἠλέησας,	De qui as-tu eu-pitié,
καὶ καλεῖς	et tu invoques (pour invoquer)
τὸν ἐλεήμονα;	le miséricordieux?
Ἂν δὲ καὶ δῷς ἐλεημοσύνην,	Et si même tu as donné l'aumône
οὐκ	ne *donnes-tu* pas [maine,
ἐκ φορολογίας μισανθρώπου,	par-suite-d'une perception inhu-
οὐκ	ne *donnes-tu* pas
ἀπὸ συμφορῶν ἀλλοτρίων	*en les tirant* des malheurs d'-autrui
γέμοντα δακρύων	des *dons* gros de larmes
καὶ στεναγμῶν;	et de soupirs?
Εἰ ὁ πένης ἐγνώριζεν	Si le pauvre savait
πόθεν ὀρέγεις τὴν ἐλεημοσύνην,	d'où *la tirant* tu *lui* tends l'aumône,
οὐκ ἂν ἐδέξατο,	il ne *l'*aurait pas reçue,
ὡς μέλλων γεύεσθαι	comme allant goûter
σαρκῶν ἀδελφικῶν	aux chairs de-ses-frères

2.

δ' ἂν πρὸς σὲ λόγον γέμοντα σώφρονος παρρησίας· Μή με θρέψῃς, ἄνθρωπε, ἀπὸ δακρύων ἀδελφικῶν· μὴ δῷς ἄρτον πένητι γενόμενον ἀπὸ στεναγμῶν τῶν συμπτώχων· ἀνάλυσον πρὸς τὸν ὁμόφυλον ὃ κακῶς ἀπῄτησας, κἀγὼ ὁμολογήσω τὴν χάριν. Τί ὠφελεῖς, πολλοὺς πτωχοὺς ποιῶν, καὶ ἕνα παραμυθούμενος; Εἰ μὴ πλῆθος ἦν τοκιστῶν, οὐκ ἂν ἦν τὸ πλῆθος τῶν πενομένων. Λῦσόν σου τὴν φατρίαν[1], καὶ πάντες ἕξομεν τὴν αὐτάρκειαν. Πάντες τῶν τοκιστῶν κατηγοροῦσι, καὶ οὐκ ἔστι τοῦ κακοῦ θεραπεία νόμος, προφῆται, εὐαγγελισταί· οἷα γοῦν ὁ θεσπέσιος Ἀμὼς λέγει· Ἀκούσατε[2] οἱ ἐκτρίβοντες εἰς τὸ πρωῒ πένητα, καὶ καταδυναστεύοντες πτωχοὺς ἐπὶ τῆς γῆς· οἱ λέγοντες, Πότε διελεύσεται ὁ μὴν, καὶ ἐμπολήσομεν; Οὐδὲ γὰρ πατέρες οὕτω

proches; mais il te tiendrait ce langage plein d'une noble liberté : O homme, ne me nourris pas des larmes de mes frères ; ne donne pas au pauvre ce pain, fruit des gémissements de ses compagnons de misère ; remets à ton semblable ce que tu as injustement exigé de lui, et je te rendrai grâce. Que sert-il que tu consoles un malheureux, si tu en fais mille? S'il n'y avait pas un tel nombre d'usuriers, il n'y aurait pas un tel nombre de pauvres. Dissous ta confrérie, et nous pourrons tous nous suffire. Partout on accuse les usuriers, et rien ne peut guérir cette plaie, ni la loi, ni les prophètes, ni les évangélistes : « Écoutez ceci, dit Amos, vous qui réduisez en poudre les pauvres et qui faites périr ceux qui sont dans l'indigence, vous qui dites : Quand seront passés ces mois où tout est à bon marché, afin que nous vendions nos marchandises? » En effet, les pères sont moins

καὶ αἵματος τῶν οἰκείων·	et à du sang de ses proches;
ἂν εἶπε δὲ πρὸς σὲ λόγον	et il aurait dit à toi un discours
γέμοντα σώφρονος παῤῥησίας·	plein d'une vertueuse franchise :
Μὴ θρέψῃς με, ἄνθρωπε,	Ne nourris pas moi, ô homme,
ἀπὸ δακρύων ἀδελφικῶν·	de larmes fraternelles;
μὴ δῷς πένητι	ne donne pas au pauvre
ἄρτον γενόμενον ἀπὸ στεναγμῶν	du pain provenant des soupirs
τῶν συμπτώχων·	de ses compagnons-de-pauvreté;
ἀνάλυσον	annule [race (de ton frère)
πρὸς τὸν ὁμόφυλον	vis à vis de celui qui-est-de-même-
ὃ ἀπήτησας κακῶς,	ce que tu as réclamé à-tort,
καὶ ἐγὼ	et moi [drai grâce).
ὁμολογήσω τὴν χάριν.	j'avouerai la reconnaissance (te ren-
Τί ὠφελεῖς,	En quoi es-tu-utile,
ποιῶν πολλοὺς πτωχοὺς,	faisant beaucoup de pauvres,
καὶ παραμυθούμενος ἕνα;	et *en* consolant (soulageant) un?
Εἰ μὴ ἦν	S'il n'y avait pas
πλῆθος τοκιστῶν,	multitude d'usuriers,
οὐκ ἂν ἦν τὸ πλῆθος	il n'y aurait pas la multitude
τῶν πενομένων.	de ceux qui sont-pauvres.
Λῦσον τὴν φατρίαν σου,	Dissous la corporation de toi,
καὶ πάντες ἕξομεν	et tous nous aurons
τὴν αὐτάρκειαν.	le moyen-de-nous-suffire.
Πάντες	Tous
κατηγοροῦσι τῶν τοκιστῶν,	accusent les usuriers,
καὶ νόμος	et la loi [guérir le) mal,
οὐκ ἔστι θεραπεία τοῦ κακοῦ,	n'est pas guérison du (ne peut pas
προφῆται, εὐαγγελισταί·	*ni* les prophètes, *ni* les évangélistes;
οἷα γοῦν	comme donc
ὁ θεσπέσιος Ἀμὼς λέγει·	le divin Amos dit :
Ἀκούσατε	Écoutez
οἱ ἐκτρίβοντες πένητα	vous qui écrasez le pauvre
εἰς τὸ πρωὶ,	au matin (dès le matin),
καὶ καταδυναστεύοντες πτωχοὺς	et qui opprimez les indigents
ἐπὶ τῆς γῆς·	sur la terfe;
οἱ λέγοντες,	*vous* qui dites:
Πότε ὁ μὴν διελεύσεται,	Quand le mois passera-t-il,
καὶ ἐμπολήσομεν;	et vendrons-nous *nos denrées?*
Οὐδὲ γὰρ πατέρες	Car pas même les pères
χαίρουσιν οὕτως	se réjouissent ainsi

χαίρουσιν ἐπὶ τῇ γεννήσει τῶν παίδων, ὡς οἱ τοκίζοντες εὐφραίνονται τῶν μηνῶν[1] πληρουμένων.

VII. Καλοῦσι δὲ τὴν ἁμαρτίαν σεμνοῖς ὀνόμασι· φιλάνθρωπον τὸ λῆμμα προσαγορεύοντες, κατὰ μίμησιν Ἑλλήνων, οἳ δαίμονάς τινας μισανθρώπους καὶ φονώσας, ἀντὶ τῆς ἀληθοῦς κλήσεως, Εὐμενίδας[2] προσαγορεύουσιν. Φιλάνθρωπός γε; Οὐ γὰρ ἡ τόκου εἰσφορὰ οἴκους ἐκτρίβουσα, πλούτους δαπανῶσα; τοὺς εὖ γεγονότας χεῖρον ζῆν τῶν δούλων παρασκευάζουσα; πρὸς ὀλίγον τέρπουσα ἐν ἀρχαῖς, καὶ πικρὸν τὸν ἐς ὕστερον βίον παρασκευάζουσα; Ὡς γὰρ τὰ πτηνὰ τὰ παρὰ τῶν ὀρνιθευτῶν ἐπιβουλευόμενα ἥδεται, ῥαινομένων τῶν σπερμάτων αὐτοῖς, καὶ φίλην ποιεῖται καὶ συνήθη διαγωγὴν τὴν ἐν ἐκείνοις τοῖς τόποις, ἐν οἷς δαψιλὴς αὐτοῖς ἡ τροφὴ γίνεται, μικρὸν δὲ ὕστερον ἐνσχεθέντα τοῖς θηράτροις διόλλυται· οὕτως οἱ τὰ ἔντοκα τῶν δανεισμάτων λαμβάνοντες,

heureux de voir des enfants leur naître, que les usuriers ne sont joyeux de voir les mois se remplir.

VII. Ils donnent à leur péché des noms respectables, et appellent leur trafic humanité, semblables aux Grecs qui nommaient Euménides, d'un nom peu mérité, certaines divinités inhumaines et sanguinaires. Lui, humain? Mais n'est-ce pas le payement des intérêts qui renverse les maisons et épuise les fortunes? qui réduit des hommes libres à vivre plus mal que des esclaves? qui pour un plaisir de quelques instants remplit d'amertume le reste de la vie? Les oiseaux se réjouissent des embûches du chasseur; les grains qu'il répand pour eux leur font aimer et fréquenter des lieux où ils trouvent une abondante nourriture; mais bientôt ils sont pris et périssent dans les piéges : de même celui qui reçoit de l'argent à intérêt se trouve

ἐπὶ τῇ γεννήσει τῶν παίδων,	au-sujet-de la naissance des enfants,
ὡς οἱ τοκίζοντες	comme ceux qui font-l'usure
εὐφραίνονται	sont charmés
τῶν μηνῶν πληρουμένων.	les mois se remplissant.
VII. Καλοῦσι δὲ τὴν ἁμαρτίαν	VII. Et ils appellent leur péché
ὀνόμασι σεμνοῖς·	de noms magnifiques;
προσαγορεύοντες τὸ λῆμμα	nommant ce gain
φιλάνθρωπον,	humain,
κατὰ μίμησιν Ἑλλήνων,	à l'imitation des Grecs,
οἳ προσαγορεύουσιν Εὐμενίδας,	qui nomment Euménides,
ἀντὶ τῆς κλήσεως ἀληθοῦς,	au lieu de l'appellation vraie,
τινὰς δαίμονας	certaines divinités [res.
μισανθρώπους καὶ φονώσας.	ennemies-des-hommes et sanguinai-
Φιλάνθρωπός γε;	Il (ce péché) *est-il* humain du moins?
Οὐ γὰρ	N'*est-ce* pas en effet
ἡ εἰσφορὰ τόκου	la contribution de l'intérêt
ἐκτρίβουσα οἴκους,	qui épuise les maisons,
δαπανῶσα πλούτους;	qui consume les richesses?
παρασκευάζουσα	qui fait
τοὺς γεγονότας εὖ	ceux nés bien (libres)
ζῆν χεῖρον τῶν δούλων;	vivre plus mal que les esclaves?
τέρπουσα πρὸς ὀλίγον	qui réjouit pour un *temps* petit
ἐν ἀρχαῖς,	dans les commencements,
καὶ παρασκευάζουσα πικρὸν	et qui rend amère
τὸν βίον ἐς ὕστερον;	la vie pour plus tard?
Ὡς γὰρ τὰ πτηνὰ	Car comme les oiseaux
τὰ ἐπιβουλευόμενα	ceux guettés
παρὰ τῶν ὀρνιθευτῶν	par les oiseleurs
ἥδεται,	se réjouissent,
τῶν σπερμάτων	les grains
ῥαινομένων αὐτοῖς,	étant éparpillés à eux,
καὶ ποιεῖται φίλην καὶ συνήθη	et se font ami et habituel
διαγωγὴν	le séjour
τὴν ἐν ἐκείνοις τοῖς τόποις,	celui dans ces lieux-là,
ἐν οἷς ἡ τροφὴ	dans lesquels la nourriture
γίνεται δαψιλὴς αὐτοῖς,	devient abondante à eux,
μικρὸν δὲ ὕστερον	et un peu plus tard
ἐνσχεθέντα τοῖς θηράτροις	ayant été retenus dans les piéges
διόλλυται·	sont détruits;
οὕτως οἱ λαμβάνοντες	ainsi ceux qui reçoivent

ὀλίγον εὐπορήσαντες χρόνον, ὕστερον αὐτῆς τῆς πατρικῆς ἑστίας ἐκπίπτουσιν. Ἔλεος δὲ ἐξοικεῖ τῶν μιαρῶν καὶ φιλαργύρων ψυχῶν, καὶ βλέποντες αὐτὴν τὴν οἰκίαν τοῦ ὀφείλοντος ὤνιον προκειμένην, οὐκ ἐπικλῶνται, ἀλλὰ καὶ μᾶλλον τὴν πρᾶσιν κατεπείγουσιν, ἵνα θᾶττον τὸ χρυσίον ὑποδεξάμενοι, ἄλλον ἄθλιον δανείσματι καταδήσωσιν· κατὰ τοὺς σπουδαίους καὶ ἀπλήστους τῶν θηρευτῶν, οἳ, μίαν κοιλάδα τοῖς δικτύοις κυκλώσαντες, καὶ πάντα τὰ ἐν αὐτῇ σαγηνεύσαντες θηρία, πάλιν ἐπὶ τὴν γείτονα φάραγγα μεθιστᾶσι τὰς στάλικας, καὶ ἀπ' ἐκείνης ἐπὶ τὴν ἄλλην, καὶ μέχρι τοσούτου, μέχρις ἂν τὰ ὄρη τῶν θηρευμάτων κενώσωσιν. Ποίοις οὖν ὀφθαλμοῖς ὁ τοιοῦτος ἀναβλέπεις εἰς οὐρανόν; Πῶς δὲ αἰτεῖς ἄφεσιν ἁμαρτήματος; Ἢ τάχα ὑπ' ἀναισθησίας καὶ τοῦτο λέγεις εὐχόμενος, ὅπερ ἐδίδαξεν ὁ Σωτὴρ, Ἄφες ἡμῖν τὰ ὀφειλήματα ἡμῶν, ὡς καὶ ἡμεῖς ἀφήκαμεν τοῖς ὀφειλέ-

quelque temps dans l'aisance, mais se voit ensuite banni du foyer paternel. La pitié n'habite point dans ces âmes criminelles et cupides ; ils voient la maison même de leur débiteur mise en vente, et ne sont point attendris, mais ils pressent sans relâche le marché, afin de recouvrer plus promptement leur or et d'enchaîner dans leurs liens un autre malheureux : tels ces chasseurs actifs et insatiables qui entourent de leurs filets une vallée tout entière, et, après avoir pris tout le gibier, transportent leurs toiles dans un autre vallon, puis dans un autre encore, jusqu'à ce qu'ils aient dépeuplé les montagnes. De quels yeux un pareil homme peut-il regarder le ciel ? Comment ose-t-il demander le pardon de ses fautes ? Ou n'est-ce pas par sottise qu'il ajoute à sa prière ces mots que nous a enseignés le Sauveur : Remettez-nous nos dettes comme nous les remettons nous-

HOMÉLIE DE SAINT GRÉGOIRE CONTRE LES USURIERS. 39

τὰ τῶν δανεισμάτων ἔντοκα,	ceux des prêts qui-portent-intérêt,
εὐπορήσαντες	ayant été-dans-l'abondance
ὀλίγον χρόνον,	*pendant* un petit temps,
ὕστερον ἐκπίπτουσι	plus tard sont déchus
τῆς ἑστίας πατρικῆς αὐτῆς.	du foyer paternel lui-même.
Ἔλεος δὲ ἐξοικεῖ	Or la pitié quitte
τῶν ψυχῶν μιαρῶν	ces âmes scélérates
καὶ φιλαργύρων,	et avides-d'argent,
καὶ βλέποντες τὴν οἰκίαν αὐτὴν	et voyant la maison même
τοῦ ὀφείλοντος	de celui qui doit
προκειμένην ὤνιον,	étant exposée en vente,
οὐκ ἐπικλῶνται,	ils ne sont pas fléchis,
ἀλλὰ κατεπείγουσι τὴν πρᾶσιν	mais ils pressent la vente
καὶ μᾶλλον,	encore davantage,
ἵνα ὑποδεξάμενοι τὸ χρυσίον	afin qu'ayant reçu l'or
θᾶττον,	plus vite,
καταδήσωσι δανείσματι	ils enchaînent par un prêt
ἄλλον ἄθλιον·	un autre malheureux ;
κατὰ τοὺς σπουδαίους	à-l'imitation des zélés
καὶ ἀπλήστους τῶν θηρευτῶν,	et insatiables des chasseurs,
οἳ, κυκλώσαντες τοῖς δικτύοις	qui, ayant enceint par les filets
μίαν κοιλάδα,	une-seule vallée,
καὶ σαγηνεύσαντες	et ayant-pris-dans-des-rets
πάντα τὰ θηρία ἐν αὐτῇ,	toutes les bêtes *qui sont* dans elle,
πάλιν μεθιστᾶσι τὰς στάλικας	de-nouveau font-passer les fourches
ἐπὶ τὴν φάραγγα γείτονα,	dans le ravin voisin,
καὶ ἀπὸ ἐκείνης ἐπὶ τὴν ἄλλην,	et de celui-là dans l'autre,
καὶ μέχρι τοσούτου,	et jusqu'à autant, [montagnes
μέχρις ἂν κενώσωσι τὰ ὄρη	jusqu'à ce qu'ils aient dépeuplé les
τῶν θηρευμάτων.	des gibiers.
Ποίοις οὖν ὀφθαλμοῖς ὁ τοιοῦτος	De quels yeux donc *toi*, le tel *homme*,
ἀναβλέπεις εἰς οὐρανόν;	regardes-tu vers le ciel ?
Πῶς δὲ αἰτεῖς	Et comment demandes-tu
ἄφεσιν ἁμαρτήματος;	remise du péché ?
Ἢ τάχα εὐχόμενος	Ou peut-être en priant
λέγεις ὑπὸ ἀναισθησίας	dis-tu par sottise
καὶ τοῦτο,	aussi ceci,
ὅπερ ἐδίδαξεν ὁ Σωτήρ,	qu'a enseigné le Sauveur,
Ἄφες ἡμῖν τὰ ὀφειλήματα ἡμῶν,	Remets-nous les dettes de nous,
ὡς καὶ ἡμεῖς	comme aussi nous

ταις ἡμῶν; Ὦ πόσοι διὰ τόκον ἀγχόνης ἥψαντο, καὶ ῥεύμασι ποταμῶν ἑαυτοὺς ἐξέδωκαν, καὶ κουφότερον ἔκριναν τοῦ δανειστοῦ τὸν θάνατον, ἀφῆκαν δὲ παῖδας ὀρφανοὺς, κακὴν μητρυιὰν ἔχοντας, τὴν πενίαν. Οἱ δὲ χρηστοὶ τοκογλύφοι οὐδὲ τότε τῆς ἐρήμου φείδονται οἰκίας, ἀλλ' ἕλκουσι τοὺς κληρονόμους, τάχα τὴν σχοῖνον μόνην τοῦ βρόχου κληρονομήσαντας, καὶ χρυσίον ἀπαιτοῦσιν τοὺς τὸν ἄρτον ἐξ ἐράνου ποριζομένους· ὀνειδιζόμενοι δὲ, ὡς εἰκὸς, ἐπὶ τῷ θανάτῳ τοῦ χρεώστου, καί τινων πρὸς δυσωπίαν μεμνημένων τοῦ βρόχου, οὐδὲ ἐγκαλύπτονται πρὸς τὸ δρᾶμα, οὐδὲ πλήττονται τὴν ψυχήν· ἀπὸ πικρᾶς δὲ γνώμης λόγους λέγουσιν ἀναιδεῖς· Καὶ ἠθῶν ἀδίκημα τοῦτο ἡμετέρων, εἰ ὁ κακοδαίμων καὶ ἀγνώμων ἐκεῖνος, μοχθηρᾶς γενέσεως λαχὼν, τῇ ἀνάγκῃ τῆς εἱμαρμένης πρὸς τὸν βίαιον ἤχθη θάνατον. Καὶ

mêmes à ceux qui nous doivent? Oh! combien de malheureux, grâce à l'usure, ont brisé leur cou dans un lacet! Combien se sont précipités dans le courant des fleuves, ont trouvé la mort plus douce que leur créancier, et ont laissé des enfants orphelins sous la tutelle d'une mauvaise marâtre, la pauvreté! Mais alors même ces honnêtes usuriers n'épargnent pas la maison déserte; ils tourmentent des héritiers qui n'ont peut-être recueilli que la corde funeste, ils réclament de l'or à ceux qui ne trouvent que le pain de l'aumône; et quand on leur reproche (quoi de plus juste?) la mort du débiteur, quand pour les faire rougir on leur rappelle le lacet fatal, ils n'ont même pas honte de ce qu'ils ont fait, leur âme n'en est point émue, mais un sentiment cruel leur dicte d'impudentes paroles : C'est la faute de nos mœurs, si ce malheureux, cet insensé, né sous une mauvaise étoile, a été conduit par sa destinée à une mort violente. Car nos usuriers

ἀφήκαμεν	nous *les* avons remises
τοῖς ὀφειλέταις ἡμῶν;	aux débiteurs de nous?
Ὦ πόσοι διὰ τόκον	Oh combien à-cause-de l'usure
ἥψαντο ἀγχόνης,	se sont suspendus à un lacet,
καὶ ἐξέδωκαν ἑαυτοὺς	et ont abandonné eux-mêmes
ῥεύμασι ποταμῶν,	à des courants de fleuves,
καὶ ἔκριναν τὸν θάνατον	et ont jugé la mort
κουφότερον τοῦ δανειστοῦ,	plus légère que le créancier,
ἀφῆκαν δὲ παῖδας ὀρφανούς,	et ont laissé des fils orphelins,
ἔχοντες κακὴν μητρυιάν,	ayant une mauvaise marâtre,
τὴν πενίαν !	la pauvreté !
Οἱ δὲ χρηστοὶ τοχογλύφοι	Mais les honnêtes usuriers
οὐδὲ τότε φείδονται	pas même alors n'épargnent
τῆς οἰκίας ἐρήμου,	la maison déserte,
ἀλλὰ ἕλκουσι τοὺς κληρονόμους,	mais tiraillent les héritiers,
κληρονομήσαντας τάχα	ayant hérité peut-être
τὴν σχοῖνον μόνην τοῦ βρόχου,	de la corde seule du lacet,
καὶ ἀπαιτοῦσι χρυσίον	et réclament de l'or
τοὺς ποριζομένους τὸν ἄρτον	à ceux qui se procurent le pain
ἐξ ἐράνου·	par l'aumône ;
ὀνειδιζόμενοι δὲ,	et essuyant-des-reproches,
ὡς εἰκὸς,	comme *il est* naturel,
ἐπὶ τῷ θανάτῳ τοῦ χρεώστου,	au-sujet-de la mort du débiteur,
καί τινων	et quelques-uns
πρὸς δυσωπίαν	en-vue-de *leur* confusion
μεμνημένων τοῦ βρόχου,	faisant-mention du lacet,
οὐδὲ ἐγκαλύπτονται	ils ne se voilent même pas
πρὸς τὸ δρᾶμα,	en-face-de l'action,
οὐδὲ πλήττονται τὴν ψυχήν·	et ne sont pas frappés à l'âme ;
ἀπὸ δὲ γνώμης πικρᾶς,	mais par-suite-d'un sentiment amer
λέγουσι λόγους ἀναιδεῖς·	ils disent des discours impudents:
Καὶ τοῦτο ἀδίκημα	Et ceci *est* un tort
ἡμετέρων ἠθῶν,	de nos mœurs,
εἰ ἐκεῖνος ὁ κακοδαίμων	si cet *homme* au-mauvais-destin
καὶ ἀγνώμων,	et insensé,
λαχὼν	ayant eu-en-partage
γενέσεως μοχθηρᾶς,	une naissance funeste,
τῇ ἀνάγκῃ τῆς εἱμαρμένης	par la nécessité de la fatalité
ἤχθη πρὸς θάνατον βίαιον.	a été conduit à une mort violente.
Καὶ γὰρ καὶ οἱ τοχογλύφοι	Et en effet aussi les usuriers

γὰρ καὶ φιλοσοφοῦσιν οἱ τοχογλύφοι, καὶ τῶν μαθηματικῶν Αἰγυπτίων [1] γίνονται μαθηταὶ, ὅταν δεήσῃ ὑπὲρ τῶν ἐναγῶν αὐτῶν πράξεων καὶ τῶν φόνων ἀπολογήσασθαι.

VIII. Λεκτέον οὖν πρὸς ἕνα τῶν τοιούτων· Σὺ ἡ μοχθηρὰ γένεσις, σὺ ἡ κακὴ τῶν ἀστέρων ἀνάγκη. Εἰ γὰρ ἐπεκούφισας τὴν φροντίδα, καὶ μέρος μὲν ἀφῆκας τοῦ χρέους, μέρος δὲ ἐκομίσω μετὰ ἀνέσεως, οὐκ ἂν τὴν ἐπίμοχθον ζωὴν ἐμίσησεν, οὐδὲ αὐτὸς ἑαυτοῦ ἐγένετο δήμιος. Ποίοις ἄρα ὀφθαλμοῖς κατὰ τὸν καιρὸν τῆς ἀναστάσεως ὄψει τὸν φονευθέντα; Ἥξετε γὰρ ἀμφότεροι πρὸς τὸ τοῦ Χριστοῦ βῆμα, ἔνθα οὐ τόκοι ψηφίζονται, ἀλλὰ βίοι κρίνονται. Τί δὲ λέξεις ἐγκαλούμενος τῷ ἀδεκάστῳ κριτῇ, ὅταν σοι λέγηται· Εἶχες νόμον, προφήτας, εὐαγγελικὰ παραγγέλματα· πάντων ἤκουες ὁμοῦ βοώντων μιᾷ φωνῇ τὴν ἀγάπην, τὴν φιλανθρωπίαν· καὶ τῶν μὲν λεγόντων, Οὐκ ἐκτοκιεῖς τῷ ἀδελφῷ σου [2]· τῶν δὲ, Τὸ ἀργύριον οὐκ ἔδωκεν ἐπὶ τόκον [3]· ἄλλων, Ἐὰν

sont philosophes, et ils se font les disciples des astrologues d'Égypte, quand il leur faut justifier leurs actions abominables et leurs meurtres.

VIII. Il faut répondre à l'usurier : C'est toi qui es la naissance fatale, la funeste influence des astres. Si tu avais adouci sa peine, si tu lui avais remis une part de sa dette, si tu avais réclamé l'autre sans rigueur, il n'aurait pas détesté cette vie de tourments, il ne serait pas devenu son propre bourreau. De quel œil, au jour de la résurrection, verras-tu celui que tu as fait périr? Car vous viendrez tous les deux au tribunal du Christ, où l'on ne compte pas les intérêts, mais où l'on juge les vies. Que répondras-tu aux accusations du juge incorruptible, lorsqu'il te dira : Tu avais la loi, les prophètes, les commandements de l'Évangile ; tu les entendais tous, d'une seule voix, t'ordonner la charité, l'humanité ; les uns te disaient : Tu ne prêteras point à usure à ton frère ; les autres : Il n'a point placé son argent à intérêt ; d'autres encore : Si tu prêtes à ton

φιλοσοφοῦσι,
καὶ γίνονται μαθηταὶ
τῶν μαθηματικῶν Αἰγυπτίων,
ὅταν δεήσῃ ἀπολογήσασθαι
ὑπὲρ τῶν πράξεων ἐναγῶν αὐτῶν
καὶ τῶν φόνων.
VIII. Λεκτέον οὖν
πρὸς ἕνα τῶν τοιούτων·
Σὺ ἡ γένεσις μοχθηρὰ,
σὺ ἡ κακὴ ἀνάγκη τῶν ἀστέρων.
Εἰ γὰρ ἐπεκούφισας
τὴν φροντίδα,
καὶ ἀφῆκας μὲν μέρος τοῦ χρέους,
ἐκομίσω δὲ μέρος
μετὰ ἀνέσεως,
οὐκ ἂν ἐμίσησε
τὴν ζωὴν ἐπίμοχθον,
οὐδὲ ἐγένετο
αὐτὸς δήμιος ἑαυτοῦ.
Ποίοις ἄρα ὀφθαλμοῖς
κατὰ τὸν καιρὸν τῆς ἀναστάσεως
ὄψει τὸν φονευθέντα;
Ἥξετε γὰρ ἀμφότεροι
πρὸς τὸ βῆμα τοῦ Χριστοῦ,
ἔνθα τόκοι οὐ ψηψίζονται,
ἀλλὰ βίοι κρίνονται.
Ἐγκαλούμενος δὲ
τί λέξεις τῷ κριτῇ ἀδεκάστῳ,
ὅταν λέγηταί σοι·
Εἶχες νόμον, προφήτας,
παραγγέλματα εὐαγγελικά·
ἤκουες πάντων
βοώντων ὁμοῦ τὴν ἀγάπην,
τὴν φιλανθρωπίαν·
καὶ τῶν μὲν λεγόντων,
Οὐκ ἐκτοκιεῖς
τῷ ἀδελφῷ σου·
τῶν δὲ, Οὐκ ἔδωκεν ἐπὶ τόκον
τὸ ἀργύριον·
ἄλλων, Ἐὰν δανείσῃς

philosophent,
et deviennent disciples
des mathématiciens d'-Égypte,
quand il a fallu se justifier
sur les actes maudits d'eux
et leurs meurtres.
VIII. Il faut dire donc
à l'un des *hommes* tels :
C'est toi *qui es* la naissance funeste,
toi la mauvaise nécessité des astres.
Car si tu avais allégé
son souci,
et avais remis une partie de la dette,
et avais fait-rentrer une partie
avec relâchement,
il n'aurait pas haï
sa vie laborieuse,
et ne serait pas devenu
lui-même bourreau de lui-même.
De quels yeux donc
au temps de la résurrection
verras-tu celui tué *par toi?*
Car vous viendrez tous-deux
au tribunal du Christ,
où des intérêts ne sont pas comptés,
mais des vies sont jugées.
Et essuyant-des-reproches
que diras-tu au juge incorruptible,
lorsqu'il sera dit à toi :
Tu avais la loi, les prophètes,
les commandements de-l'Évangile ;
tu *les* entendais tous
criant à-la-fois la charité,
l'humanité ;
et les uns disant,
Tu ne prêteras-pas-à-intérêt
au frère de toi ;
les autres, Il n'a pas donné à intérêt
son argent ;
d'autres, Si tu prêtes

44 ΓΡΗΓΟΡΙΟΥ ΟΜΙΛΙΑ ΚΑΤΑ ΤΩΝ ΤΟΚΙΖΟΝΤΩΝ.

δανείσῃς τῷ ἀδελφῷ σου, οὐκ ἔσῃ αὐτὸν κατεπείγων [1]· Ματθαῖος δὲ ἐν παραβολαῖς ἔκραξεν λέγων, δεσποτικὸν λόγον [2] ἀπαγγέλλων· Δοῦλε πονηρὲ, πᾶσαν τὴν ὀφειλὴν ἐκείνην ἀφῆκά σοι, ἐπεὶ παρεκάλεσάς με· οὐκ ἔδει καὶ σὲ ἐλεῆσαι τὸν σύνδουλόν σου, ὡς καὶ ἐγώ σε ἠλέησα; Καὶ ὀργισθεὶς ὁ κύριος παρέδωκεν αὐτὸν τοῖς βασανισταῖς [3], ἕως οὗ ἀποδῷ πᾶν τὸ ὀφειλόμενον αὐτῷ. Τότε σε καταλήψεται ἡ ἀνόνητος μεταμέλεια, στεναγμοὶ δὲ καταλήψονται βαρεῖς, καὶ κόλασις ἀπαραίτητος. Οὐδαμοῦ δὲ χρυσὸς βοηθῶν, οὐκ ἄργυρος ἐπαμύνων· πικροτέρα δὲ χολῆς ἡ τῶν τόκων ἀνάδοσις. Ταῦτα οὐ ῥήματα φοβοῦντα, ἀλλὰ πράγματα ἀληθῆ, πρὸ τῆς πείρας τὸ κριτήριον διαμαρτυρόμενα, ἃ φυλάξασθαι τῷ σωφρονοῦντι καλὸν, καὶ ᾧ τοῦ μέλλοντος πρόνοια.

IX. Ἵνα δὲ μεταξὺ τῶν τοῦ Θεοῦ κριμάτων καί τι τῶν ἐν

frère, tu ne le presseras point ; saint Matthieu te criait dans la parabole où il rapporte la parole du maître : Méchant serviteur, je t'avais remis tout ce que tu me devais, parce que tu m'en avais prié ; ne fallait-il donc pas que tu eusses pitié de ton compagnon, comme j'avais eu pitié de toi ? Et le maître, ému de colère, livra son serviteur entre les mains des bourreaux, jusqu'à ce qu'il payât tout ce qu'il lui devait. Alors un repentir inutile se saisira de toi, alors viendront les profonds gémissements et le châtiment inévitable. Ni l'or ne courra à ton aide, ni l'argent ne te portera secours ; mais ce trafic d'intérêts sera pour toi plus amer que le fiel. Ce ne sont point là des paroles pour t'effrayer, mais des faits véritables, qui attestent le jugement avant même que tu l'aies subi, et dont tout homme sage et prévoyant doit se garantir.

IX. Mais, en attendant les arrêts de Dieu, je veux, dans l'intérêt

τῷ ἀδελφῷ σου,	au frère de toi,
οὐκ ἔσῃ κατεπείγων αὐτόν·	tu ne seras pas pressant lui ;
Ματθαῖος δὲ ἐν παραβολαῖς	et Matthieu dans *ses* paraboles
ἔκραξε λέγων,	a crié disant,
ἀπαγγέλλων λόγον δεσποτικόν·	rapportant la parole du-maître :
Δοῦλε πονηρὲ,	Esclave mauvais,
ἀφῆκά σοι	j'ai remis à toi
πᾶσαν τὴν ὀφειλὴν ἐκείνην,	toute cette dette-là,
ἐπεὶ παρεκάλεσάς με·	après que tu as invoqué moi ;
οὐκ ἔδει καὶ σὲ ἐλεῆσαι	ne fallait-il pas aussi toi avoir-pitié
τὸν σύνδουλόν σου,	du compagnon-d'esclavage de toi,
ὡς καὶ ἐγὼ	comme aussi moi
ἐλέησά σε;	j'ai eu pitié-de-toi ?
Καὶ ὁ κύριος ὀργισθεὶς	Et le maître irrité
παρέδωκεν αὐτὸν	livra lui
τοῖς βασανισταῖς,	aux bourreaux,
ἕως οὗ ἀποδῷ	jusqu'à ce qu'il eût rendu
πᾶν τὸ ὀφειλόμενον αὐτῷ.	tout ce qui était dû à (par) lui.
Τότε ἡ μεταμέλεια ἀνόνητος	Alors le repentir inutile
καταλήψεταί σε,	s'emparera de toi,
στεναγμοὶ δὲ βαρεῖς	et des gémissements pesants
καταλήψονται,	s'empareront *de toi*,
καὶ κόλασις ἀπαραίτητος.	et un châtiment inévitable.
Οὐδαμοῦ δὲ	Et nulle-part ne *sera*
χρυσὸς βοηθῶν,	l'or *te* portant–secours,
οὐκ ἄργυρος ἐπαμύνων·	ni l'argent *te* venant-en-aide ;
ἡ δὲ ἀνάδοσις τῶν τόκων	mais la production des intérêts
πικροτέρα χολῆς.	*sera* plus amère que bile.
Ταῦτα οὐ ῥήματα	Celles-ci ne *sont* pas des paroles
φοβοῦντα,	qui effrayent (dites pour effrayer),
ἀλλὰ πράγματα ἀληθῆ,	mais des choses vraies,
διαμαρτυρόμενα πρὸ τῆς πείρας	attestant avant l'épreuve
τὸ κριτήριον,	le tribunal, [sensé,
ἃ καλὸν τῷ σωφρονοῦντι,	desquelles *il est* beau à celui qui est-
καὶ ᾧ πρόνοια τοῦ μέλλοντος,	et à qui *est* prévoyance de l'avenir,
φυλάξασθαι.	de se garder.
IX. Ἵνα δὲ	IX. Mais afin que
μεταξὺ	en deçà de (en attendant)
τῶν κριμάτων τοῦ Θεοῦ,	les jugements de Dieu,
διηγησάμενος καί τι	ayant raconté aussi quelqu'une

τοῖς καθ' ἡμᾶς χρόνοις συμβάντων ἐν οἰκίᾳ τοκογλύφου διηγησάμενος ὠφελήσω τι τοὺς ἀκούοντας, ἀκούσατε τοῦ λόγου, καὶ τάχα οἱ πολλοὶ τὴν ὑπόθεσιν ὡς γνώριμον ἐπιγνώσεσθε.

Ἀνήρ τις ἦν ἐπὶ τῆσδε τῆς πόλεως (οὐκ ἐρῶ δὲ τοὔνομα, κωμῳδεῖν ὀνομαστὶ τὸν τελευτήσαντα φυλαττόμενος), τέχνην ἔχων τὰ δανείσματα, καὶ τὴν ἐκ τῶν μιαρῶν τόκων ἐπικαρπίαν· τῷ πάθει δὲ συνεχόμενος τῆς φιλαργυρίας, φειδωλὸς ἦν καὶ περὶ τὴν ἰδίαν δαπάνην (τοιοῦτοι γὰρ οἱ φιλάργυροι), οὐ τράπεζαν αὐτάρκη παρατιθέμενος, οὐχ ἱματίων συνέχειαν, ἢ κατὰ χρείαν, ἀμείβων[1], οὐ τέκνοις παρέχων τὴν ἀναγκαίαν τοῦ βίου διαγωγὴν, οὐ λουτρῶν ταχέως μεταλαμβάνων, φόβῳ τοῦ μισθοῦ καὶ τῶν τριῶν ὀβολῶν[2]· πάντα δὲ τρόπον ἐπινοῶν, ὅθεν ἂν πλέον τὸν ἀριθμὸν προαγάγοι τῶν χρημάτων. Οὔτε μὴν ἀξιό-

de ceux qui m'entendent, raconter ce qui s'est passé de notre temps dans la maison d'un usurier ; écoutez ce récit dont la plupart d'entre vous reconnaîtront sans doute la vérité.

Il y avait dans cette ville un homme dont je tairai le nom, pour ne pas mettre en scène celui qui n'est plus ; son industrie était l'usure, et ce misérable trafic des intérêts ; possédé de la soif de l'or, il dépensait pour lui-même avec parcimonie (car c'est ainsi que sont les avares), prenant une nourriture insuffisante, ne changeant ses vêtements ni pour leur vétusté ni selon ses besoins, ne fournissant pas à ses enfants le nécessaire même, ne prenant pas de bains, tant il craignait d'avoir à payer trois oboles, et s'ingéniant de mille manières pour augmenter la somme de ses écus. Il ne trouvait point de gardien

τῶν συμβάντων	des choses qui sont arrivées
ἐν τοῖς χρόνοις κατὰ ἡμᾶς	dans les temps selon nous
ἐν οἰκίᾳ τοκογλύφου,	dans une maison d'usurier,
ὠφελήσω τι	je sois-utile en quelque chose
τοὺς ἀκούοντας,	à ceux qui écoutent,
ἀκούσατε τοῦ λόγου,	écoutez le récit,
καὶ τάχα οἱ πολλοὶ	et peut-être la plupart *de vous*
ἐπιγνώσεσθε τὴν ὑπόθεσιν	vous reconnaîtrez le sujet
ὡς γνώριμον.	comme connu.
Τὶς ἀνὴρ ἦν	Un certain homme était
ἐπὶ τῆσδε τῆς πόλεως	dans cette ville-ci
(οὐκ ἐρῶ δὲ τὸ ὄνομα,	(et je ne dirai pas le nom,
φυλαττόμενος κωμῳδεῖν	me gardant de mettre-en-scène
ὀνομαστὶ	par-son-nom
τὸν τελευτήσαντα),	celui qui a cessé *de vivre*),
ἔχων τέχνην τὰ δανείσματα,	ayant *pour* industrie les prêts,
καὶ τὴν ἐπικαρπίαν	et le revenu *qu'on tire*
ἐκ τῶν μιαρῶν τόκων·	des exécrables intérêts;
συνεχόμενος δὲ τῷ πάθει	et possédé par la maladie
τῆς φιλαργυρίας,	de l'amour-de-l'argent,
ἦν φειδωλὸς	il était parcimonieux
καὶ περὶ τὴν δαπάνην ἰδίαν	aussi pour sa dépense personnelle
(οἱ γὰρ φιλάργυροι	(car les *gens* amis-de-l'argent
τοιοῦτοι),	*sont* tels),
οὐ παρατιθέμενος	ne faisant-pas-placer-devant-lui
τράπεζαν αὐτάρκη,	une table suffisante,
οὐκ ἀμείβων	ne changeant pas
συνέχειαν ἱματίων,	la continuité de *ses* vêtements,
ἢ κατὰ χρείαν·	ou selon le besoin,
οὐ παρέχων τέκνοις	ne fournissant pas à *ses* enfants
τὴν διαγωγὴν ἀναγκαίαν	le soutien nécessaire
τοῦ βίου,	de la vie,
οὐ μεταλαμβάνων λουτρῶν	ne participant pas aux bains
ταχέως,	promptement,
φόβῳ τοῦ μισθοῦ	par crainte du prix
καὶ τῶν τριῶν ὀβολῶν·	et des trois oboles;
ἐπινοῶν δὲ πάντα τρόπον,	et imaginant toute manière,
ὅθεν ἂν προαγάγοι πλέον	d'où il porterait-en-avant davantage
τὸν ἀριθμὸν τῶν χρημάτων.	le chiffre de ses biens. [qu'un
Οὔτε μὴν ἐνόμιζέ τινα	Et assurément il ne croyait pas quel-

πιστόν τινα φύλακα τοῦ βαλαντίου ἐνόμιζεν, οὐ τέκνον, οὐ δοῦ-
λον, οὐ τραπεζίτην, οὐ κλεῖν, οὐ σφραγῖδα· ταῖς δὲ τῶν τοίχων
ὀπαῖς τὸ χρυσίον ἐμβάλλων, καὶ τὸν πηλὸν ἔξωθεν ἐπαλείφων,
ἄγνωστον πᾶσιν ε χεν τὸν θησαυρόν, τόπους ἐκ τόπων ἀμείβων,
καὶ τοίχους ἐκ τοίχων, καὶ τὸ λανθάνειν πάντας σοφιζόμενος
εὐμηχάνως. Ἀθρόον ἀπῆλθε τοῦ βίου, οὐδενὶ τῶν οἰκείων ἐξ-
αγορεύσας ἔνθα ὁ χρυσὸς κατώρυκτο. Κατωρύχθη μὲν οὖν κἀ-
κεῖνος τὸ κρύψαι κερδάνας· οἱ δὲ παῖδες αὐτοῦ, πάντων ἔσεσθαι
τῶν ἐν τῇ πόλει λαμπρότεροι διὰ πλοῦτον ἐλπίσαντες, ἠρεύνων
πανταχοῦ, παρ' ἀλλήλων διεπυνθάνοντο, τοὺς οἰκέτας ἀνέκρινον,
τὰ ἐδάφη τῶν οἴκων ἀνώρυττον, τοὺς τοίχους ὑπεκένουν, τὰς
τῶν γειτόνων καὶ γνωρίμων οἰκίας ἐπολυπραγμόνουν· πάντα
δὲ λίθον, τὸ τοῦ λόγου, κινήσαντες¹, εὗρον οὐδ' ὀβολόν. Διάγουσι

assez fidèle de sa bourse, ni enfant, ni esclave, ni banquier, ni
sceau, ni clé; mais il pratiquait des trous dans les murailles pour y
enfouir son or, et les recouvrant de plâtre, il gardait son trésor
ignoré de tous, changeant sans cesse de cachettes et de murs, et
parvenant à force d'adresse à tromper tous les regards. Il quitta
soudainement cette vie, sans avoir révélé à aucun de ses proches le
lieu où son or était enfoui. On l'enterra, lui qui avait si bien réussi à
cacher son trésor ; ses enfants, qui comptaient tenir le premier rang
dans la ville, grâce à leur richesse, cherchèrent de tous côtés, s'in-
terrogèrent les uns les autres, questionnèrent les domestiques,
bouleversèrent les maisons, creusèrent les murs, visitèrent les de-
meures de leurs voisins et de leurs connaissances ; bref, après avoir,
comme dit le proverbe, remué toute pierre, ils ne trouvèrent pas

φύλακα ἀξιόπιστον	gardien digne-de-confiance
τοῦ βαλαντίου,	de sa bourse,
οὐ τέκνον, οὐ δοῦλον,	ni enfant, ni esclave,
οὐ τραπεζίτην,	ni banquier,
οὐ κλεῖν, οὐ σφραγῖδα·	ni clé, ni sceau;
ἐμβάλλων δὲ τὸ χρυσίον	mais jetant son or
ταῖς ὀπαῖς τῶν τοίχων,	dans les ouvertures des murs,
καὶ ἐπαλείφων ἔξωθεν	et appliquant en dehors
τὸν πηλὸν,	de la boue,
εἶχε τὸν θησαυρὸν	il avait son trésor
ἄγνωστον πᾶσιν,	ignoré de tous,
ἀμείβων τόπους	changeant de lieux
ἐκ τόπων,	à-la-suite d'*autres* lieux,
καὶ τοίχους ἐκ τοίχων,	et de murs à-la-suite d'*autres* murs,
καὶ σοφιζόμενος εὐμηχάνως	et réussissant industrieusement
τὸ λανθάνειν πάντας.	à échapper à tous.
Ἀπῆλθε ἀθρόον τοῦ βίου,	Il partit soudainement de la vie,
ἐξαγορεύσας οὐδενὶ τῶν οἰκείων	n'ayant révélé à aucun des siens
ἔνθα ὁ χρυσὸς κατώρυκτο.	*le lieu* où l'or avait été enfoui.
Καὶ ἐκεῖνος μὲν οὖν	Aussi celui-là donc
κατωρύχθη	fut enterré
κερδάνας τὸ κρύψαι·	ayant gagné d'avoir caché *son or*;
οἱ δὲ παῖδες αὐτοῦ,	et les fils de lui,
ἐλπίσαντες ἔσεσθαι	ayant espéré devoir être
διὰ πλοῦτον	grâce-à *leur* richesse
λαμπρότεροι	plus brillants
πάντων τῶν ἐν τῇ πόλει,	que tous ceux *qui étaient* dans la ville,
ἠρεύνων πανταχοῦ,	cherchaient partout,
διεπυνθάνοντο	s'informaient
παρὰ ἀλλήλων,	auprès les uns des autres,
ἀνέκρινον τοὺς οἰκέτας,	interrogeaient les domestiques,
ἀνώρυττον τὰ ἐδάφη τῶν οἴκων,	creusaient les sols des maisons,
ὑπεκένουν τοὺς τοίχους,	vidaient (fouillaient) les murs,
ἐπολυπραγμόνουν τὰς οἰκίας	s'occupaient des maisons
τῶν γειτόνων καὶ γνωρίμων·	des voisins et des connaissances;
κινήσαντες δὲ πάντα λίθον,	et ayant remué toute pierre,
τὸ τοῦ λόγου,	*ce qui est* la parole du dicton,
εὗρον οὐδὲ ὀβολόν.	ils trouvèrent pas même une obole.
Διάγουσι δὲ τὸν βίον	Et ils passent la vie
ἄοικοι,	dépourvus-de-maison,

δὲ τὸν βίον ἄοικοι, ἀνέστιοι, πένητες, ἐπαρώμενοι πολλὰ καθ' ἑκάστην τῇ τοῦ πατρὸς ματαιότητι.

Ὁ μὲν δὴ φίλος ὑμῶν καὶ ἑταῖρος, ὦ τοκισταὶ, τοιοῦτος· ἀξίως τοῦ τρόπου καταστρέψας τὸν βίον, ἀνεμιαῖος χρηματιστὴς, ὀδύνῃ καὶ λιμῷ μοχθήσας, συναγαγὼν δὲ κληρονομίαν ἑαυτῷ μὲν τὴν αἰώνιον κόλασιν, τοῖς δὲ ἐξ αὐτοῦ τὴν πενίαν. Οὐκ ἴστε δὲ ὑμεῖς τίνι ἀθροίζετε ἢ μοχθεῖτε. Αἱ περιστάσεις πολλαὶ, οἱ συκοφάνται μυρίοι, ἐνεδρευταὶ καὶ λησταὶ γῆν διενοχλοῦσιν καὶ θάλασσαν· ὁρᾶτε μὴ καὶ τὰς ἁμαρτίας κερδανεῖτε καὶ τὸν χρυσὸν μὴ κατάσχητε. Ἀλλ' ἐπαχθὴς ἡμῖν οὗτός ἐστι, φασίν (οἶδα γὰρ ὑμῶν τοὺς ὑπ' ὀδόντων γογγυσμοὺς, καὶ συνεχῶς ὑμᾶς στηρίζων ἐπὶ τοῦ βήματος)· ἐπιβουλεύει τοῖς εὐεργετουμένοις καὶ χρήζουσιν. Ἰδοὺ γὰρ οὐκέτι προησόμεθα δάνεισμα· καὶ πῶς διάξουσιν οἱ στενούμενοι; Ἄξιοι τῶν πραγμάτων οἱ

une obole. Ils vivent aujourd'hui sans maison, sans foyer, pauvres, et maudissant chaque jour la sottise de leur père.

Voilà ce que fut, usuriers, votre ami, votre compagnon; il termina sa vie d'une manière digne de son caractère, et après s'être épuisé de soucis et de faim, il amassa comme héritage un châtiment éternel pour lui-même et la pauvreté pour ses enfants. Vous ne savez pas pour qui vous entassez, pour qui vous prenez tant de peines. Mille accidents, mille calomnies vous menacent; les voleurs, les pirates infestent la terre et la mer; craignez que, sans conserver votre or, vous n'augmentiez le nombre de vos péchés. Ah! disent-ils, cet homme nous est insupportable (car je sais ce que vous murmurez entre vos dents, moi qui vous fais comparaître sans cesse devant cette chaire); il en veut à ceux qui sont dans le besoin et attendent le bienfait. Allons, nous ne prêterons plus; et comment ces malheureux pourront-ils

ἀνέστιοι, πένητες,	privés-de-foyer, pauvres,
ἐπαρώμενοι	disant-en-forme-d'imprécations
πολλὰ	beaucoup de choses
κατὰ ἑκάστην	par chaque *jour*
τῇ ματαιότητι τοῦ πατρός.	contre la sottise de leur père.
Ὁ μὲν δὴ φίλος	Or l'ami
καὶ ἑταῖρος ὑμῶν, ὦ τοκισταί,	et camarade de vous, ô usuriers,
τοιοῦτος ·	*fut* tel :
καταστρέψας τὸν βίον	ayant terminé sa vie
ἀξίως τοῦ τρόπου,	d'une-manière-digne de son caractè-[re,
χρηματιστὴς ἀνεμιαῖος,	homme-d'argent stérile,
μοχθήσας ὀδύνῃ καὶ λιμῷ,	ayant pâti par souffrance et par faim,
συναγαγὼν δὲ κληρονομίαν	et ayant réuni *comme* héritage
ἑαυτῷ μὲν	pour lui-même à la vérité
τὴν κόλασιν αἰώνιον,	le châtiment éternel,
τοῖς δὲ ἐξ αὐτοῦ τὴν πενίαν.	et pour ceux *nés* de lui la pauvreté.
Ὑμεῖς δὲ οὐκ ἴστε	Or vous, vous ne savez pas
τίνι ἀθροίζετε ἢ μοχθεῖτε.	pour qui vous amassez ou pâtissez.
Αἱ περιστάσεις πολλαί,	Les vicissitudes nombreuses,
οἱ συκοφάνται μυρίοι,	les sycophantes innombrables,
ἐνεδρευταὶ	des dresseurs-d'embûches
καὶ λῃσταὶ	et des pirates
διενοχλοῦσι γῆν καὶ θάλασσαν ·	infestent la terre et la mer ; [gniez
ὁρᾶτε μὴ καὶ κερδανεῖτε	voyez (prenez garde) que et vous ga-
τὰς ἁμαρτίας,	les péchés,
καὶ μὴ κατάσχητε τὸν χρυσόν.	et vous ne gardiez pas votre or.
Ἀλλὰ οὗτος	Mais cet *homme*
ἐστὶν ἐπαχθὴς ἡμῖν,	est insupportable à nous,
φασίν	disent-ils
(οἶδα γὰρ τοὺς γογγυσμοὺς ὑμῶν	(car je sais les murmures de vous
ὑπὸ ὀδόντων,	sous *vos* dents, [ment
καὶ στηρίζων ὑμᾶς συνεχῶς	moi aussi plantant vous continuelle-
ἐπὶ τοῦ βήματος)·	sur la chaire);
ἐπιβουλεύει	il tend-des-embûches
τοῖς εὐεργετουμένοις	à ceux qui reçoivent-des-bienfaits
καὶ χρῄζουσιν.	et qui sont-dans-le-besoin.
Ἰδοὺ γὰρ	Car voici que
οὐκέτι προησόμεθα δάνεισμα ·	nous ne lâcherons plus de prêt ;
καὶ πῶς διάξουσιν	et comment subsisteront
οἱ στενούμενοι;	ceux qui sont pressés *par la misère?*

λόγοι, πρέπουσα ἡ ἀντίρρησις τοῖς τῷ ζόφῳ τῶν χρημάτων ἐσκοτωμένοις· οὔτε γὰρ τὸ τῆς διανοίας κριτήριον ἔχουσιν ἐῤῥωμένον, ὡς συνιέναι τῶν λεγομένων. Πρὸς τοὐναντίον δὲ τῆς συμβουλῆς τῶν νουθετούντων ἀκούουσιν· ὡς γὰρ, ἐμοῦ λέγοντος, ἀπειλοῦσι τοῖς δεομένοις μὴ χρῆναι δανείζειν, οὕτως ὑπογογγύζοντες ἀπειλοῦσι τοῖς δεομένοις ἀποκλείσειν τὰς θύρας. Ἐγὼ πρῶτον μὲν τὸ δωρεῖσθαι κηρύσσω καὶ παραγγέλλω, ἔπειτα καὶ τὸ δανείζειν παρακαλῶ· δεύτερον γὰρ εἶδος δωρεᾶς δάνεισμα· ποιεῖν δὲ τοῦτο μὴ μετὰ τόκων μηδὲ πλεονασμῶν, ἀλλὰ καθὼς ἡμῖν ὁ θεῖος διετάξατο λόγος. Ὁμοίως γὰρ ἔνοχος τιμωρίᾳ, καὶ ὁ μὴ διδοὺς δάνεισμα, καὶ ὁ μετὰ τόκων διδοὺς, ἐπειδὴ τοῦ μὲν τὸ μισάνθρωπον, τοῦ δὲ τὸ καπηλικὸν κατακέκριται· οἱ δὲ πρὸς

vivre? Langage digne de la conduite, réponse bien faite pour ces hommes que les ténèbres de l'argent aveuglent; ils n'ont pas même l'intelligence assez forte pour comprendre ce qu'on leur dit. Ils entendent à rebours les conseils qu'on leur donne : tandis que je leur parle, ils menacent de ne plus prêter à ceux qui sont dans le besoin, et murmurant tout bas ils menacent de fermer leur porte aux malheureux. Avant tout, je proclame à haute voix qu'il faut donner, mais j'engage aussi à prêter; car le prêt est une seconde forme du don; mais il faut prêter sans intérêt ni usure, comme le commande la parole divine. Le même châtiment est réservé à celui qui ne prête point et à celui qui prête avec intérêt; l'un est convaincu d'inhumanité, l'autre de trafic déloyal; mais ces hommes vont d'un extrême

Οἱ λόγοι ἄξιοι τῶν πραγμάτων,	Les paroles *sont* dignes des actions,
ἡ ἀντίῤῥησις πρέπουσα	la réponse *est* convenant
τοῖς ἐσκοτωμένοις	à ceux qui sont aveuglés
τῷ ζόφῳ τῶν χρημάτων·	par les ténèbres des richesses ;
οὔτε γὰρ ἔχουσιν	car ils n'ont pas
τὸ κριτήριον τῆς διανοίας	le jugement de l'âme
ἐῤῥωμένον,	fortifié,
ὡς συνιέναι	de-manière-à comprendre
τῶν λεγομένων.	les choses qui se disent.
Ἀκούουσι δὲ	Mais ils entendent
πρὸς τὸ ἐναντίον	dans le *sens* contraire
τῆς συμβουλῆς	le conseil
τῶν νουθετούντων·	de ceux qui *les* avertissent ;
ὡς γὰρ, ἐμοῦ λέγοντος,	car comme, moi parlant,
ἀπειλοῦσι	ils disent-avec-menace
μὴ χρῆναι δανείζειν	ne pas falloir (qu'il ne faut pas) prêter
τοῖς δεομένοις,	à ceux qui demandent,
οὕτως ὑπογογγύζοντες	ainsi murmurant-en-dessous
ἀπειλοῦσιν	Ils disent-avec-menace
ἀποκλείσειν τὰς θύρας	devoir fermer leurs portes
τοῖς δεομένοις.	à ceux qui demandent.
Ἐγὼ πρῶτον μὲν	Moi d'abord à la vérité
κηρύσσω καὶ παραγγέλλω	je proclame et conseille
τὸ δωρεῖσθαι,	de donner,
ἔπειτα παρακαλῶ	ensuite j'engage
καὶ τὸ δανείζειν·	aussi à prêter ;
δάνεισμα γὰρ	car le prêt
δεύτερον εἶδος τῆς δωρεᾶς·	est une seconde forme du don ;
ποιεῖν δὲ τοῦτο	mais j'engage à faire cela
μὴ μετὰ τόκων	non avec intérêts
μηδὲ πλεονασμῶν,	ni usure,
ἀλλὰ καθὼς ὁ λόγος θεῖος	mais selon-que la parole divine
διετάξατο ἡμῖν.	a prescrit à nous.
Ὁμοίως γὰρ ἔνοχος τιμωρίᾳ	Car *il est* semblablement sujet à châ-[timent,
καὶ ὁ μὴ διδοὺς δάνεισμα,	et celui qui ne donne pas de prêt,
καὶ ὁ διδοὺς μετὰ τόκων,	et celui qui donne avec intérêts,
ἐπειδὴ τὸ μισάνθρωπον	puisque l'inhumanité
κατακέκριται τοῦ μὲν,	a été prononcée-contre l'un,
τὸ καπηλικὸν τοῦ δέ·	le trafic-mercantile contre l'autre ;
οἱ δὲ αὐτομολοῦσι	mais ceux-ci vont-d'eux-mêmes

τὴν ἐναντίαν αὐτομολοῦσιν ἀκρότητα, εἰς τὸ παντελὲς ἐφέξειν τὴν δόσιν ἐπαγγελλόμενοι. Ἔστι δὲ τοῦτο ἀναιδὴς ἔνστασις, πρὸς τὸ δίκαιον φιλονεικία μανιώδης, πρὸς Θεὸν ἔρις καὶ πόλεμος. Ἢ γὰρ οὐ δώσω, φησὶν, ἢ δανείζων ἔντοκον θήσομαι τὸ συνάλλαγμα.

Χ. Πρὸς μὲν οὖν τοὺς τοχογλύφους ἱκανῶς ὁ λόγος διηγωνίσατο, καὶ αὐτάρκως μοι τὰ τῆς κατηγορίας, ὡς ἐν δικαστηρίῳ, δείκνυται· καὶ δοίη ὁ Θεὸς αὐτοῖς τοῦ κακοῦ μεταμέλειαν· πρὸς δὲ τοὺς προχείρως δανειζομένους καὶ τοῖς ἀγκίστροις τῶν τόκων ῥιψοκινδύνως ἑαυτοὺς περιπείροντας, οὐδένα ποιήσομαι λόγον, ἀρκεῖν αὐτοῖς κρίνας τὴν συμβουλὴν ἣν ὁ θεσπέσιος πατὴρ ἡμῶν Βασίλειος ἐν τῷ ἰδίῳ συγγράμματι σοφῶς ἐξεπόνησε, πλείονα πρὸς τοὺς ἀβούλως δανειζομένους ἢ τοὺς πλεονεκτικῶς δανείζοντας ποιησάμενος λόγον.

à l'autre, lorsqu'ils déclarent qu'ils ne donneront plus d'aucune façon. C'est là une opposition impudente, une folle résistance à la justice, une lutte et une guerre contre Dieu. Ou nous ne donnerons pas, disent-ils, ou nous ferons marché d'intérêts.

X. J'ai assez combattu les usuriers dans ce discours, et j'ai suffisamment prouvé, comme devant un tribunal, les chefs de l'accusation ; puisse Dieu leur donner le repentir de leurs fautes! Quant à ceux qui empruntent avec tant de facilité, et qui se laissent prendre étourdiment aux hameçons de l'usure, je ne leur dirai rien ; il leur suffit des conseils que notre divin père, saint Basile. a si éloquemment exposés dans cet écrit où il s'adresse plus encore à l'emprunteur téméraire qu'à l'usurier cupide.

πρὸς τὴν ἀκρότητα ἐναντίαν,	vers l'excès contraire,
ἐπαγγελλόμενοι ἐφέξειν τὴν δόσιν	annonçant devoir suspendre le don
εἰς τὸ παντελές.	jusqu'au *point* absolu.
Τοῦτο δὲ ἐστιν ἔνστασις ἀναιδὴς,	Or ceci est une résistance impudente,
φιλονεικία μανιώδης	une lutte qui-tient-de-la-folie
πρὸς τὸ δίκαιον,	contre ce qui *est* juste,
ἔρις καὶ πόλεμος	une querelle et une guerre
πρὸς Θεόν.	contre Dieu.
Ἢ γὰρ οὐ δώσω, φησὶν,	Car ou je ne donnerai pas, dit-il,
ἢ δανείζων	ou prêtant
θήσομαι τὸ συνάλλαγμα ἔντοκον.	j'établirai le contrat portant-intérêt.
X. Ὁ λόγος μὲν οὖν	X. La parole donc
διηγωνίσατο ἱκανῶς	a lutté suffisamment
πρὸς τοὺς τοκογλύφους,	contre les usuriers,
καὶ τὰ τῆς κατηγορίας	et les *points* de l'accusation
δείκνυταί μοι	sont démontrés par moi
αὐτάρκως,	suffisamment,
ὡς ἐν δικαστηρίῳ·	comme dans un tribunal;
καὶ ὁ Θεὸς δοίη αὐτοῖς	et que Dieu donne à eux
μεταμέλειαν τοῦ κακοῦ·	repentir de leur vice;
ποιήσομαι δὲ οὐδένα λόγον	mais je ne ferai aucun discours
πρὸς τοὺς δανειζομένους	à ceux qui empruntent
προχείρως,	avec-facilité,
καὶ περιπείροντας ἑαυτοὺς	et qui transpercent eux-mêmes
ῥιψοκινδύνως	témérairement
τοῖς ἀγκίστροις τῶν τόκων,	avec les hameçons des intérêts,
κρίνας ἀρκεῖν αὐτοῖς	ayant jugé suffire à eux
τὴν συμβουλὴν	l'exhortation
ἣν ὁ θεσπέσιος πατὴρ ἡμῶν	que le divin père de nous
Βασίλειος	Basile
ἐξεπόνησε σοφῶς	a élaborée habilement
ἐν τῷ ἰδίῳ συγγράμματι,	dans son propre écrit,
ποιησάμενος τὸν λόγον πλείονα	ayant fait le discours plus abondant
πρὸς τοὺς δανειζομένους	envers ceux qui empruntent
ἀβούλως	sans-prudence
ἢ τοὺς δανείζοντας	qu'*envers* ceux qui prêtent
πλεονεκτικῶς.	avec-cupidité.

NOTES

DE L'HOMÉLIE DE SAINT GRÉGOIRE DE NYSSE

CONTRE LES USURIERS.

Page 8 : 1. Τοῦ προφήτου. Ézéchiel. Voy. l'Argument.

— 2. Ἡ πέτρα ἐκείνη. Il faut lire dans l'Évangile selon saint Luc, ch. VIII, v. 5 et suiv., la parabole du semeur.

— 3. Ἀκοῇ ἀκούσετε.,,. καὶ οὐ μὴ ἴδητε. Ces paroles sont tirées d'Isaïe, ch. VI, v. 9. — Βλέψετε n'est pas d'une bonne grécité; le futur de βλέπω, dans les bons auteurs, est βλέψομαι.

— 4. Καταλιπόντος. On induit de là que saint Basile était déjà mort à l'époque où saint Grégoire de Nysse prononça cette homélie. Saint Basile mourut à Césarée, le 1ᵉʳ janvier 379, et saint Grégoire vécut jusqu'en 394.

Page 10 : 1. Ἐγκονίζονται. Au moment d'entrer en lice, les athlètes versaient de l'huile sur leurs corps, puis ils se frottaient les mains de poussière, afin d'avoir prise sur leurs adversaires.

— 2. Τὴν Ἰωάννου φωνήν. Saint Jean-Baptiste, voyant des Pharisiens et des Sadducéens s'approcher de lui pour recevoir le baptême, s'écrie (saint Matthieu, ch. III, v. 7; saint Luc, ch. III, v. 7): « Race de vipères, qui vous a appris à fuir la colère qui doit tomber sur vous? »

Page 12 : 1. Πλεονασμῷ, τόκοις. Ces deux mots se trouvent fort souvent l'un à côté de l'autre dans les Pères de l'Église, et ne sont pas un redoublement oratoire. Πλεονασμός se dit de ce qu'on reçoit en sus de ce qu'on a prêté, mais lorsqu'il s'agit de prêts en nature, de blé ou de vin, par exemple; τόκος ne se dit que de l'intérêt que produit l'argent.

— 2. Καὶ μὴ.... ἀποστραφῇς. Ces paroles sont tirées de l'Évangile selon saint Matthieu, ch. V, v. 42.

Page 14 : 1. Γέμοντα πενίας χρυσόν, un or qui est gros de pauvreté, c'est-à-dire qui doit engendrer la pauvreté. — Πενίας est une conjecture de M. de Sinner. Le seul manuscrit qui nous ait conservé cette homélie porte γένοντα χρυσόν. Les autres éditeurs ont adopté γεννῶντα χρυσόν, or qui engendre (de l'or), qui porte intérêt.

— 2. Τρέφων.... θηρία, engraissant un bétail à son foyer, sans sortir de chez lui. Les capitaux sont, en quelque sorte, le bétail de l'usurier.

— 3. Ἄσπαρτα.... φύεσθαι. Allusion à ce vers d'Homère, *Odyssée*, IX, 109 :

$$\text{Ἀλλὰ τάγ' ἄσπαρτα καὶ ἀνήροτα πάντα φύονται.}$$

Page 18 : 1. Τοῦ ἀποστολικοῦ γράμματος. M. de Sinner : « *Quo alludat hic noster, latere me fateor. Credas, ad S. Matth.* V, 42 : Τῷ αἰτοῦντί σε, δίδου. *At non est apostolicum, sed ipsius Salvatoris hoc præceptum.*

Page 20 : 1. Ἐν εὐαγγελίοις. Ce pluriel montre que saint Grégoire ne fait pas allusion à tel ou tel passage de l'Évangile, mais qu'il a en vue à la fois tous ceux où Jésus-Christ promet de récompenser un jour dans le ciel quiconque donnera aux pauvres en son nom. Voyez par exemple l'Évangile selon saint Matthieu, ch. VI, v. 3 et 4.

Page 22 : 1. Ἰδού, etc. Voy. l'Évangile selon saint Matthieu, ch. XIX, v. 27, 29 et 30.

Page 24 : 1. Ἵνα τί, pourquoi. Locution elliptique, qui peut se compléter ainsi : Ἵνα τί γένηται.

— 2. Ψηφίζων. M. Boissonade : « Un Grec qui voulait calculer une dette un peu compliquée prenait son *abaque* et ses *cailloux*; car on se servait alors, pour faire des opérations d'arithmétique, de cailloux que l'on disposait sur une table, appelée *abaque*, d'après certaines combinaisons. Nos anciens employaient des jetons pour un pareil usage. Qui ne se rappelle le *Malade imaginaire*, assis devant sa petite table, et comptant avec des jetons les parties de son apothicaire ? »

Page 26 : 1. Τὼ χεῖρε. Τώ est l'article masculin; mais le duel τά, ταῖν, est à peu près inusité. Quelques savants pensent même qu'il n'a jamais figuré que dans les grammaires, d'où il faudrait le bannir.

Page 28 : 1. Ἄρτον. La manne dont les Hébreux se nourrirent pendant quarante ans dans le désert.

— 2. Mara, dans le désert du sud. Dieu indiqua à Moïse un bois qu'il fallait jeter dans les eaux de Mara, parce que le peuple n'en pouvait point boire, et ces eaux, d'amères qu'elles étaient, devinrent douces. Le nom de Mara signifie *amertume*. Voy. l'*Exode*, ch. xv, v. 23 et suiv.

— 3. Élisabeth, mère de saint Jean-Baptiste.

— 4. Anne, femme d'Elcana, de la tribu de Lévi, mère du prophète Samuel.

Page 30 : 1. Ἐὰν δανείσῃς... κατεπείγων. *Exode*, ch. xxii, v. 25 : Ἐὰν δὲ ἀργύριον ἐκδανείσῃς τῷ ἀδελφῷ τῷ πενιχρῷ παρὰ σοί, οὐκ ἔσῃ αὐτὸν κατεπείγων. « Si vous prêtez de l'argent à ceux de mon peuple qui sont pauvres parmi vous, vous ne les presserez point comme un exacteur impitoyable. »

— 2. Καὶ.... ἀπολαβεῖν. Allusion à un passage de l'Évangile selon saint Luc, ch. vi, v. 35 : Καὶ δανείζετε μηδὲν ἀπελπίζοντες. « Prêtez sans en rien espérer. »

— 3. Ἐν παραβολῇ. La parabole des talents se trouve dans l'Évangile selon saint Matthieu, ch. xviii, v. 23-35.

Page 32 : 1. Δεῖν. Atticisme pour δέον. — Δυσωπῆσαι se dit proprement de celui qui adresse des prières telles qu'il est impossible d'y résister sans rougir, sans changer de visage; c'est du reste ce qu'indique l'étymologie même du mot.

— 2. Καὶ ἄφες ἡμῖν τὰ ὀφειλήματα ἡμῶν, etc. Ces paroles, qui font partie de l'oraison dominicale, sont tirées de l'Évangile selon saint Matthieu, ch. vi, v. 12.

— 3. Ὁ τοκογλύφος. Le nominatif pour le vocatif; hébraïsme qui se rencontre à chaque instant dans les écrivains sacrés et dans le Nouveau Testament.

— 4. Γέμοντα. Ce pluriel neutre se rapporte par l'idée à ἐλεημοσύνην, ce dont se compose l'aumône.

Page 34 : 1. Φατρίαν. Forme récente pour φρατρίαν. Ce mot est employé ici avec une nuance de mépris. Il signifie ordinairement tribu, et c'est de là que vient le nom de patriarche (chef de tribu). Les écrivains byzantins prirent les premiers ce nom en mauvaise part : ils donnaient le nom de φρατρία à des réunions coupables, et celui de φρατριάρχης à des chefs de sectes hérétiques.

— 2. Ἀκούσατε, etc. Ce sont deux versets du prophète Amos (ch. viii, v. 4 et 5).

Page 36 : 1. Τῶν μηνῶν. L'argent, comme on l'a vu, se prêtait au mois et non pas à l'année, et les intérêts se payaient le dernier jour du mois.

— 2. Εὐμενίδας, les Euménides ou Furies. Ce nom d'Euménides

vient de εὐμενής, bon, bienveillant. Les Grecs les appelèrent ainsi, dit-on, de crainte d'exciter leur colère.

Page 42 : 1. Μαθηματικῶν Αἰγυπτίων. L'astrologie avait eu, à ce qu'on croit, son berceau dans la Chaldée ou Babylonie ; mais les Égyptiens s'y adonnèrent aussi avec ardeur.

— 2. Οὐκ ἐκτοκιεῖς τῷ ἀδελφῷ σου. *Deutéronome*, ch. XXIII, v. 19.

— 3. Τὸ ἀργύριον.... ἐπὶ τόκον. Psaume XIV, v. 5. — Ἔδωκεν a pour sujet sous-entendu l'homme de bien, celui qui respecte la loi du Seigneur.

Page 44 : 1. Ἐὰν δανείσῃς τῷ ἀδελφῷ σου, οὐκ ἔσῃ αὐτὸν κατεπείγων. *Exode*, ch. XXII, v. 25.

— 2. Δεσποτικὸν λόγον, la parole du maître qui reçoit les comptes de ses serviteurs. Voy. l'Évangile selon saint Matthieu, ch. XVIII, v. 32, 33 et 34.

— 3. Τοῖς βασανισταῖς. Les bourreaux remplissaient en même temps les fonctions de geôliers.

Page 46 : 1. Οὐχ ἱματίων συνέχειαν ἀμείβων, ne changeant pas la longue durée de ses vêtements, c'est-à-dire ne les remplaçant pas, continuant de porter les mêmes habits si vieux qu'ils fussent. — Κατὰ χρείαν, selon le besoin, comme ceux qui mettent un vêtement léger quand il fait chaud, et un vêtement chaud quand la saison est froide. Ainsi, l'usurier dont parle saint Grégoire portait toujours le même habit, hiver et été, et il l'usait jusqu'au dernier fil.

— 2. Τῶν τριῶν ὀβολῶν. L'obole valait à peu près quinze de nos centimes.

Page 48 : 1. Πάντα λίθον κινήσαντες. Proverbe qui se dit de ceux qui font tous leurs efforts pour parvenir à leur but. Nous avons en français un équivalent familier : *faire des pieds et des mains*.

LIBRAIRIE DE L. HACHETTE ET Cie.

TRADUCTIONS JUXTALINÉAIRES
DES
PRINCIPAUX AUTEURS CLASSIQUES GRECS,
FORMAT IN-12.

Cette collection comprendra les principaux auteurs qu'on explique dans les classes.

EN VENTE :

ARISTOPHANE: Plutus.. 2 fr. 25 c.
BABRIUS : Fables............ 4 fr.
BASILE (Saint) : De la lecture des auteurs profanes....... 1 fr. 25 c.
— Contre les usuriers.......... 75 c.
— Observe-toi toi-même....... 90 c.
CHRYSOSTOME (S. JEAN) : Homélie en faveur d'Eutrope..... 60 c.
— Homélie sur le retour de l'évêque Flavien................. 1 fr.
DÉMOSTHÈNE : Discours contre la loi de Leptine......... 3 fr. 50 c.
— Discours pour Ctésiphon ou sur la Couronne.............. 3 fr. 50 c.
— Harangue sur les prévarications de l'ambassade............ 6 fr.
— Les trois Olynthiennes.. 1 fr. 50 c.
— Les quatre Philippiques..... 2 fr.
ESCHINE : Discours contre Ctésiphon. Prix.................. 4 fr.
ESCHYLE : Prométhée enchaîné. 2 fr.
— Les Sept contre Thèbes. 1 fr. 50 c.
ÉSOPE : Fables choisies...... 75 c.
EURIPIDE : Électre.......... 3 fr.
— Hécube................. 2 fr.
— Hippolyte............. 3 fr. 50 c.
— Iphigénie en Aulide... 3 fr. 25 c.
GRÉGOIRE DE NAZIANZE (Saint): Éloge funèbre de Césaire. 1 fr. 25 c.
— Homélie sur les Machabées.. 90 c.
GRÉGOIRE DE NYSSE (Saint) : Contre les usuriers......... 75 c.
— Éloge funèbre de saint Mélèce. 75 c.
HOMÈRE : Iliade, 6 volumes.. 20 fr.
Chants I à IV. 1 vol.... 3 fr. 50 c.
Chants V à VIII. 1 vol... 3 fr. 50 c.
Chants IX à XII. 1 vol... 3 fr. 50 c.
Chants XIII à XVI. 1 vol.. 3 fr. 50 c.
Chants XVII à XX. 1 vol. 3 fr. 50 c.
Chants XXI à XXIV. 1 vol. 3 fr. 50 c.
Chaque chant séparément.. 1 fr.
— Odyssée. 6 vol............ 24 fr.
Chants I à IV. 1 vol......... 4 fr.
Le 1er chant séparément... 90 c.
Chants V à VIII. 1 vol....... 4 fr.

Chants IX à XII. 1 vol...... 4 fr.
Chants XIII à XVI 1 vol..... 4 fr.
Chants XVII à XX. 1 vol.... 4 fr.
Chants XXI à XXIV. 1 vol... 4 fr.
ISOCRATE : Archidamus. 1 fr. 50 c.
— Conseils à Démonique..... 75 c.
— Éloge d'Évagoras.......... 1 fr.
LUC (Saint) : Évangile...... 3 fr.
LUCIEN : Dialogues des morts. 2 fr. 25
PÈRES GRECS (Choix de discours). Prix.................. 7 fr. 50 c.
PINDARE : Isthmiques (les). 2 fr. 50
— Néméennes (les)............ 3 fr.
— Olympiques (les)...... 3 fr. 50 c.
— Pythiques (les)....... 3 fr. 50 c.
PLATON : Alcibiade (le prem.). 2 fr. 50
— Apologie de Socrate........ 2 fr.
— Criton.............. 1 fr. 25 c.
— Phédon................. 5 fr.
PLUTARQUE : Lecture des poètes. Prix.................. 3 fr.
— Vie d'Alexandre........... 3 fr.
— Vie de César............. 2 fr.
— Vie de Cicéron........... 3 fr.
— Vie de Démosthène..... 2 fr. 50 c.
— Vie de Marius............ 3 fr.
— Vie de Pompée........... 5 fr.
— Vie de Solon............. 3 fr.
— Vie de Sylla........... 3 fr. 50 c.
SOPHOCLE : Ajax........ 2 fr. 50 c.
— Antigone............ 2 fr. 25 c.
— Électre................. 3 fr.
— Œdipe à Colone........... 2 fr.
— Œdipe roi............ 1 fr. 50 c.
— Philoctète............ 2 fr. 50 c.
— Trachiniennes (les).... 2 fr. 50 c.
THÉOCRITE : Œuvres compl. 7 fr. 50
— La première Idylle.......... 45 c.
THUCYDIDE : Guerre du Péloponèse, livre II.............. 5 fr.
XÉNOPHON: Apologie de Socrate. 60 c.
— Cyropédie, livre I..... 1 fr. 25 c.
— Cyropédie, livre II........... 2 fr.
— Entretiens mémorables de Socrate (les quatre livres)...... 7 fr. 50 c.
Chaque livre séparément... 2 fr.

A LA MÊME LIBRAIRIE : Traductions juxtalinéaires des principaux *auteurs latins* qu'on explique dans les classes.

Imprimerie de Ch. Lahure, rue de Fleurus, 9.

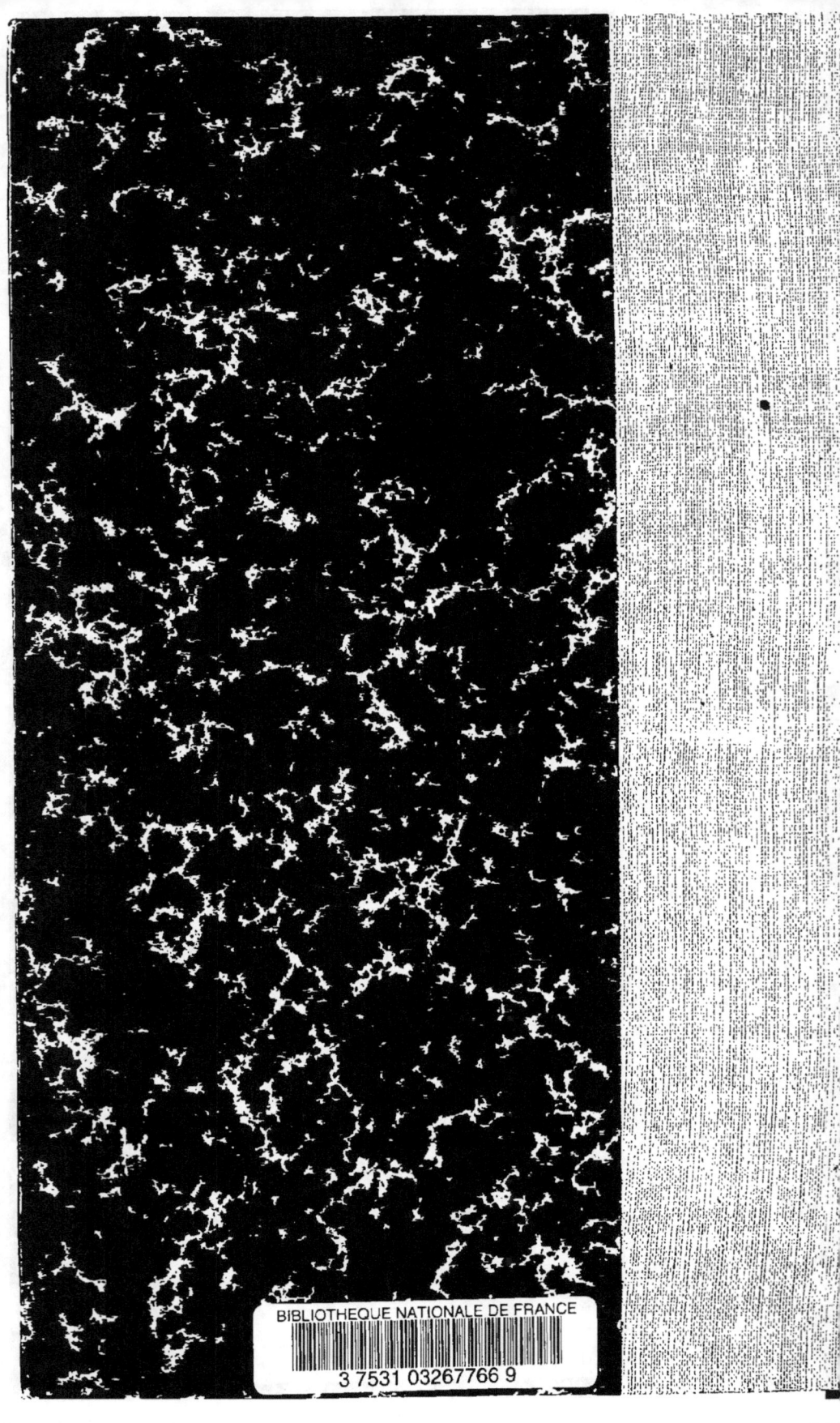

www.ingramcontent.com/pod-product-compliance
Lightning Source LLC
LaVergne TN
LVHW020958090426
835512LV00009B/1935